FICHES BAC

Français

PREMIÈRE L, ES, S

Sophie Saulnier
Professeur agrégée de français

Hatier

Crédits iconographiques (dépliant)

Page 1 (recto) : © BNF, département des Estampes / Hatier
Page 2 (recto) : © Josse / Leemage
Page 3 (recto) : © Josse / Leemage
Page 5 (recto) : © Jemolo/Leemage
Page 6 (recto) : © Christian Jean / RMN
Page 1 (verso) : © Selva / Leemage
Page 3 (verso) : © Dist. RMN / The Trustees of the Wallace Collection
Page 5 (verso) : © Adam Rzepka / Collection Centre Pompidou, Dist. RMN © ADAGP, Paris 2011
Page 6 (verso) : © Erich Lessing / AKG-images © ADAGP, Paris 2011

Édition : Anne Peeters • Conception maquette : Anne Gallet • Mise en page : Lasergraphie

© HATIER PARIS 2012 – ISBN 978-2-218-95550-1

SOMMAIRE

Cochez les fiches révisées.

La connaissance d'un lexique adapté est nécessaire tant pour la compréhension et l'analyse des textes que pour la précision de votre expression écrite et orale.

1 Champ lexical et réseau lexical

Les mots du langage désignent des réalités du monde, qu'elles soient concrètes ou abstraites (les idées).

• On appelle champ lexical l'ensemble des termes désignant une même réalité : *guerre, arme*. Les termes peuvent être reliés entre eux dérivationnellement : *guerre, guerrier*. Attention, on ne doit jamais se contenter de relever un champ lexical, il faut l'analyser précisément pour mettre à jour les sous-thèmes et les relations de sens.

• Le réseau lexical est un champ lexical étendu aux autres termes qui, de par leur connotation ou leur emploi en contexte, relèvent de la même thématique. Ainsi *guerrier, armes, munition, fusil* font partie du champ lexical de la guerre et *mutilation, hôpital, panique* font partie de son réseau lexical.

• Le champ lexical et le réseau lexical sont repérables dans les métaphores filées (→ fiche 5). Ainsi, dans ce passage, Proust file la métaphore guerrière :

> [Le] monocle du général, resté entre ses paupières comme un éclat d'obus dans sa figure vulgaire, balafrée et triomphale, au milieu du front qu'il éborgnait comme l'œil unique du cyclope, apparut à Swann comme une blessure monstrueuse qu'il pouvait être glorieux d'avoir reçue, mais qu'il était indécent d'exhiber.
>
> (Marcel Proust, *Du côté de chez Swann*, 1913)

• La connotation est la charge affective et subjective ajoutée à la dénotation d'un terme (la définition du dictionnaire) en fonction de la culture personnelle du lecteur. Les textes littéraires jouent sur ce pouvoir d'évocation des mots.

2 Polysémie, synonymie, antonymie

• Un même terme peut avoir plusieurs sens, il est dit polysémique. L'utilisation de la polysémie permet de jouer sur différents niveaux de sens. Ainsi dans la phrase « une harmonie telle qu'il n'y en eut jamais en enfer », Voltaire joue sur le double sens d'*harmonie*, « formation musicale » et « entente, paix », pour intriguer son lecteur.

- Des termes différents peuvent recouvrir une même réalité, ils sont dits synonymes. Cependant, un mot n'est jamais l'exact équivalent d'un autre, il y a toujours une nuance de sens entre les synonymes. Dans une énumération ou une gradation (→ fiche 5), il faut être attentif aux apports de sens de chacun des termes. Par exemple : « Je vois partout [...] la force, la brutalité, la cruauté, le sadisme » (Aimé Césaire).
- Des termes peuvent avoir des relations de sens opposés, ils sont dits antonymes : *généreux/avare*. Il est indispensable de les analyser dans une antithèse ou un oxymore (→ fiche 5).

3 Les types de lexique

Vous aurez besoin de savoir reconnaître et utiliser au moins ces quatre types de lexique.

- Le lexique appréciatif permet d'exprimer une appréciation ; elle peut être positive, on parle de lexique mélioratif (*admirable, magnifique*) ; elle peut être négative, on parle de lexique péjoratif (*fade, néfaste, borné*). On le trouve dans l'éloge et le blâme, et dans l'expression de la subjectivité.
- Le lexique évaluatif permet d'exprimer un jugement de valeur sur une échelle graduée (*grand/petit*, *chaud/froid*) dans divers domaines : esthétique (*beau*), moral (*bon*), etc.
- Le lexique affectif permet d'exprimer la manière dont on est affecté par quelque chose. C'est le lexique des sentiments et des émotions (*admiration*, *souffrance*). Les adjectifs sont souvent formés sur un nom de sentiment : si je dis que quelque chose est *pitoyable*, c'est que je suis affecté par le sentiment de la *pitié*. Ce lexique est aussi utilisé dans l'expression de la subjectivité.
- Le lexique abstrait est le lexique des opérations de la pensée (*réfléchir, méditer ; notion, concept*) ; du jugement (*apprécier, concéder, réfuter*) ; de la morale (*vertu, droit, devoir*) ; de la philosophie (*liberté, conscience, être*) ; des catégories artistiques (*baroque, classique*) ; du sentiment esthétique (*beau, sublime*), etc. Vous aurez à utiliser ce lexique pour le commentaire et la dissertation.

LA PHRASE

La phrase est une unité complète et autonome construite selon un ensemble de règles. La description de ces règles concerne la syntaxe. Elle peut aussi être étudiée du point de vue de son rythme.

1 La phrase et la proposition

• On distingue la phrase de la proposition. Une phrase peut comporter une seule ou plusieurs propositions.

• Si la phrase comporte une seule proposition, celle-ci est dite indépendante : *Les fruits sont mûrs.*

• Quand elle est régie par une proposition principale (1), elle est dépendante, on la dit alors subordonnée (2) : *J'ai mangé les fruits* (1) *qui étaient sur la table* (2).

2 Phrase simple et phrase complexe

• Une phrase constituée d'une seule proposition est une phrase simple. Une phrase constituée de plusieurs propositions est une phrase complexe.

• Les propositions d'une phrase complexe peuvent être :

– coordonnées par une conjonction de coordination (*Je sors car il fait beau*), ou un adverbe (*Il neige, alors je prends les skis*) ;

– juxtaposées (*Il la voit, il en tombe amoureux, il lui déclare sa flamme*) ;

– liées entre elles par une relation de subordination, conjonctive ou relative (*Je dors quand je le peux*).

3 Modalités de la phrase

A Les types de phrase

On distingue quatre types de phrases.

• La phrase déclarative (ou assertive). On affirme quelque chose. C'est la phrase canonique [groupe nominal, groupe verbal].

• La phrase interrogative. On pose une question. Elle est marquée par un point d'interrogation et, en principe, par l'inversion du sujet et l'utilisation d'un terme interrogatif.

• La phrase impérative. On donne un ordre (injonction). Elle est marquée par l'impératif et l'absence de sujet.

• La phrase exclamative. Le locuteur exprime son sentiment. Elle est marquée par la présence d'un point d'exclamation.
• Chacune d'entre elles peut être affectée par la négation (*ne… pas, ne… jamais, personne… ne*, etc.), la passivation (*il mord/ il est mordu*), l'emphase (*il vient/ c'est lui qui vient*).

B Les phrases atypiques

• Les phrases à présentatif : *Voilà quelqu'un. C'est Pierre qui arrive. Il y a un loup dans les bois. Il était une fois…*
• Les phrases nominales : phrases sans verbe, elles peuvent être déclaratives (*Fin de la piste*), interrogatives (*La sortie ?*), exclamatives (*Génial, ce film !*).
• Les incises : courtes, elles comportent un verbe de parole ou de pensée et un sujet inversé ; elle sont insérées au milieu ou en fin de phrase dans le discours direct (*dit-il*).

4 Étude du rythme

A La période

• C'est une phrase complexe, ample, qui combine les différents types de construction syntaxique des propositions.
• Il faut toujours en examiner l'impact d'un point de vue rhétorique : ton oratoire ? lyrisme ? éloge ? blâme ? etc.

B L'intonation de la phrase

Une phrase est caractérisée par une intonation variant selon le type de phrase (par exemple, l'intonation diffère dans une phrase assertive ou interrogative).
• On appelle la première inflexion de la phrase, la protase, et la seconde, l'apodose ; l'articulation entre protase et apodose s'appelle l'acmé.
• La phrase canonique comporte une protase plus courte (cadence majeure) : *Si j'étais sûr que tu viennes/ je ne me donnerais pas tout ce mal.*
• Il y a donc effet stylistique lorsque l'apodose est plus longue (cadence mineure) : « Un corps humain, même aimé comme était celui d'Albertine, nous semble à quelques mètres, à quelques centimètres,/ distant de nous » (Proust).
• Le rythme binaire consiste à grouper les termes par deux : *Tu viens et je suis heureux.* Le rythme ternaire les regroupe par trois : « Le loriot siffle, l'hirondelle gazouille, le ramier gémit » (Chateaubriand).

LE TEXTE

Un texte est une unité large composée de phrases qui s'enchaînent entre elles de manière cohérente tant au niveau de la syntaxe que du sens.

1 La cohésion grammaticale

A Les reprises anaphoriques

Quand un terme est repris sous une autre forme, on parle de reprise anaphorique.

- Soit l'exemple : *Paul est venu hier. Il était malade.* Le pronom *il* a pour référent *Paul* déjà introduit dans la phrase précédente : on dit qu'il est anaphorique. L'anaphore est la fonction principale des pronoms.
- Mais les reprises anaphoriques peuvent aussi être lexicales, en voici deux exemples : *Lisez vos fiches ; ce travail vous sera utile.* Ou encore : *Il y a trois chiens dans la rue. L'épagneul est le plus mignon.*
- Quand vous rédigez, vous devez vous assurer qu'il n'y a pas d'ambiguïté dans la chaîne référentielle.

B Les connecteurs

Il en existe trois classes.

- Les connecteurs temporels s'emploient pour marquer une succession chronologique (*d'abord, ensuite, enfin, tout à coup…*). On les trouve dans la narration.
- Les connecteurs spatiaux sont employés dans la description (*ici, là, au-dessus, en haut, en bas…*).
- Les connecteurs logiques s'emploient dans l'argumentation pour marquer les différents types de raisonnement (*mais, néanmoins, parce que, donc, en effet…*) (→ fiche 39).
- Certains de ces connecteurs s'emploient dans différents contextes, ainsi *d'abord, ensuite, enfin* peuvent s'employer dans le cadre d'une argumentation.

2 La progression thématique

A La progression à thème constant

Le même thème (ce dont on parle) est repris d'une phrase à l'autre, mais le propos (les informations) est différent. Ainsi dans cet exemple, où le prince de Clèves rencontre pour la première fois sa future femme :

> [...] il ne savait que penser, et il la regardait toujours avec étonnement. Il s'aperçut que ses regards l'embarrassaient, contre l'ordinaire des jeunes personnes qui voient toujours avec plaisir l'effet de leur beauté ; il lui parut même qu'il était cause qu'elle avait de l'impatience à s'en aller, et en effet elle sortit assez promptement. M. de Clèves se consola de la perdre de vue dans l'espérance de savoir qui elle était ; mais il fut bien surpris quand il sut qu'on ne la connaissait point.
>
> (MADAME DE LA FAYETTE, *La Princesse de Clèves*, 1678)

B La progression à thème linéaire

Le propos d'une phrase devient le thème de la suivante et ainsi de suite. C'est le cas dans cette description d'un château :

> Sa triste et sévère façade présentait une courtine portant une galerie à mâchicoulis, denticulée et couverte. Cette courtine liait ensemble deux tours inégales en âge, en matériaux, en hauteur et grosseur, lesquelles tours se terminaient par des créneaux surmontés d'un toit pointu, comme un bonnet posé sur une couronne gothique.
>
> (F.-R. DE CHATEAUBRIAND, *Mémoires d'outre-tombe*, 1849-50)

C La progression à thème dérivé

On la trouve dans les descriptions : à partir d'un **hyperthème** (l'objet de la description, dans l'exemple ci-dessous, la « salle ») on développe tous les sous-thèmes. Les thèmes de chaque phrase représentent un élément de l'hyperthème :

> Cette **salle**, entièrement boisée, fut jadis peinte en une couleur indistincte aujourd'hui, qui forme un fond sur lequel la crasse a imprimé ses couches de manière à y dessiner des figures bizarres. Elle est plaquée de buffets gluants sur lesquels sont des carafes échancrées, ternies, des ronds de moiré métallique, des piles d'assiettes en porcelaine épaisse, à bords bleus, fabriquées à Tournai. Dans un angle est placée une boîte à cases numérotées qui sert à garder les serviettes, ou tachées ou vineuses, de chaque pensionnaire.
>
> (HONORÉ DE BALZAC, *Le Père Goriot*, 1835)

Il faut être évidemment attentif à toute rupture dans les progressions thématiques.

4 L'ÉNONCIATION

L'énonciation est l'acte individuel de production d'un énoncé par un locuteur. On peut chercher à analyser les textes en fonction de leur type d'énonciation.

1 La situation d'énonciation

- Tout énoncé s'inscrit dans une situation d'énonciation. Un locuteur produit un énoncé, dans un lieu et temps donné, adressé à quelqu'un (l'allocutaire).
- Quand il est nécessaire de connaître les conditions de l'énonciation pour comprendre l'énoncé, on parle d'énoncé « ancré » dans la situation d'énonciation. Pour comprendre l'énoncé *Je suis ici*, l'allocutaire doit savoir qui est le « je » et où il se trouve, c'est-à-dire la situation dans laquelle l'énoncé a été produit.
- Quand il n'est pas nécessaire de connaître les conditions de l'énonciation, on parle d'énonciation « coupée » ou d'énonciation historique. Pour comprendre l'énoncé *Louis XIV est mort en 1715*, il n'est pas nécessaire de connaître les conditions de l'énonciation.

2 L'énoncé « ancré » dans la situation d'énonciation

On le reconnaît à la présence des éléments suivants.

- Le système de la 1re et 2e personne : pronom personnel (*je, me, tu, te, nous, vous*), déterminant et pronom possessif (*mon, ma, votre, le tien*...).
- Les déictiques. Ce sont des termes qui ne se comprennent que s'ils sont accompagnés d'un geste. *Prends ce livre* ne se comprend que si je désigne du doigt le livre en question. Le déterminant et le pronom démonstratif (*ce, cet, cette, ces, celui-là*) et les adverbes de lieu et de temps (*ici* et *maintenant*) sont typiquement des déictiques.
- Les temps verbaux. Le présent d'énonciation correspond au moment même de l'énonciation ; le passé composé est utilisé pour évoquer un moment du passé.
- Les modalisateurs. Ils indiquent le degré d'adhésion de l'énonciateur à son énoncé : *il pleuvra sans doute, peut-être, certainement*... Les modalisateurs peuvent être des adverbes

(*probablement*, *certainement*...), des locutions adverbiales (*peut-être*, *sans doute*...), des auxiliaires de mode (*devoir*, *pouvoir*, *vouloir*...), certains adjectifs qualificatifs (*possible*, *certain*, *probable*...). Le conditionnel peut indiquer aussi une distance de l'énonciateur à son énoncé : *on pourrait dire qu'il a raison mais*...

• Les **marques de la subjectivité** : utilisation d'un lexique appréciatif, évaluatif, affectif (→ fiche 1).

• Les **marques du jugement** : verbes de jugement (*je pense*, *je crois*, *j'affirme*).

3 L'énoncé « coupé » de la situation d'énonciation

• Il s'oppose point par point à l'énoncé ancré dans la situation d'énonciation. On le reconnaît à la présence des éléments suivants :
– le **système de la 3e personne** : pronom personnel (*il*, *ils*) ; déterminant possessif (*son*, *sa*, *sien*, *leurs*) ;
– les **temps verbaux** : le **présent de narration** et le **passé simple** ;
– les indices **spatiotemporels** : dates et lieux précis qui permettent un **repérage absolu** dans le temps et dans l'espace ;

• On le reconnaît aussi à l'**absence** des modalisateurs, des déictiques et des marques de la subjectivité et du jugement.

4 L'énonciation et l'analyse de texte

• La distinction entre les deux types d'énonciation sert à repérer ce qui, dans les textes, relève du **discours** (énoncé « ancré ») et ce qui relève du **récit** (énoncé « coupé »).

• Un autre enjeu peut être de voir si, dans un texte apparemment neutre, on trouve des traces de la subjectivité, des modalisateurs, etc. Ainsi, dans une narration à la troisième personne, on cherchera tous les indices qui pourraient indiquer **l'intrusion du narrateur et de ses commentaires**.

LES FIGURES DE STYLE

Identifier les figures de style aide à mieux commenter un texte à condition de les mettre en relation avec l'analyse du sens.

1 Les figures par analogie

Elles créent de nouvelles images en reliant entre elles, par des points communs, des réalités différentes.

- La comparaison. Deux éléments, comparé et comparant, sont mis en relation par un outil explicite. Celui-ci peut être une préposition (*comme*), une conjonction (*de même que, ainsi que*…), un verbe (*ressembler*…), un adjectif (*semblable*…) : les albatros « laissent piteusement leurs grandes ailes blanches/ Comme des avirons traîner à côté d'eux » (Baudelaire).
- La métaphore. C'est une comparaison sans outil explicite. On parle de métaphore filée quand elle se prolonge sur plusieurs vers ou phrases : « Bergère ô tour Eiffel le troupeau des ponts bêle ce matin » (Apollinaire).
- La personnification. Elle consiste à donner à des objets les caractéristiques d'êtres humains : « Tu lis les prospectus les catalogues les affiches qui chantent tout haut » (Apollinaire).
- L'allégorie. Cette figure permet de représenter sous une forme concrète une idée abstraite : « […] l'Angoisse atroce, despotique,/ Sur mon crâne incliné plante son drapeau noir » (Baudelaire).

2 Les figures par substitution

Elles permettent de substituer un mot à un autre, selon des rapports plus ou moins proches.

- La métonymie. Elle rapproche un mot d'un autre mot ayant avec lui un rapport de contiguïté ou un rapport logique : *boire un verre, croiser le fer, une fine lame.*
- La synecdoque. C'est une sorte de métonymie qui permet de dire le tout par sa partie : *un trois-mâts.*
- La périphrase. Elle consiste à substituer au nom qui désigne une personne, un objet ou une abstraction, une expression complexe : *l'oiseau de Jupiter* désigne l'aigle.

3 Les figures d'atténuation et d'amplification

Elles permettent d'atténuer ou d'amplifier le sens.

• L'euphémisme. C'est une évocation détournée d'un fait pour en atténuer la violence : *il est parti* au lieu de *il est mort*.

• La litote. Elle permet de dire peu pour dire beaucoup : « Va, je ne te hais point » (Corneille, *Le Cid*).

• La gradation. C'est une énumération ordonnée suivant un ordre croissant ou décroissant ; le dernier terme est souvent hyperbolique : « C'est un roc !... C'est un pic !... C'est un cap ! Que dis-je, c'est un cap ? C'est une péninsule ! » (Rostand).

• L'hyperbole. On emploie des termes exagérés par rapport à la réalité qu'ils désignent : *souffrir mille morts*.

• L'anaphore. On répète en début de vers (ou de phrase) un même mot ou groupe syntaxique : « Voilà comme Pyrrhus vint s'offrir à ma vue/ Voilà par quels exploits il sut se couronner ;/ Enfin voilà l'époux que tu me veux donner » (Racine).

4 Les figures par opposition

Elles mettent en relation des termes ou des idées qui s'opposent par le sens.

• L'oxymore. Deux termes s'opposent par le sens au sein d'un même groupe syntaxique : « Le soleil noir de la mélancolie » (Gérard de Nerval).

• L'antithèse. Deux termes de sens contraire s'opposent au niveau de la phrase ou d'un ensemble de phrases : « Songe aux cris des vainqueurs, songe aux cris des mourants » (Racine).

• L'antiphrase. Cette figure de l'ironie fait comprendre le contraire de ce que l'on semble dire : *Quel beau temps*, alors qu'il pleut.

5 Les figures syntaxiques

Ces figures ont trait à la construction des phrases.

• Le chiasme. Il consiste, à partir d'un parallélisme de construction, à croiser la fonction syntaxique de termes qui peuvent s'opposer par le sens : « Mon berceau a de ma tombe, ma tombe a de mon berceau » (Chateaubriand).

• La question rhétorique. Cette question n'attend pas de réponse ; elle contient en fait la réponse à la question posée : « Dois-je oublier Hector privé de funérailles,/ Et traîné sans honneur autour de nos murailles ? » (Racine).

LES REGISTRES

Tout texte fait ressentir un type d'émotion au lecteur. En repérant un registre on cherche à identifier la nature de cette émotion.

Le registre lyrique

C'est l'expression forte des sentiments sur des thèmes comme l'amour, la mort, la nature. Le texte est à la première personne. Le lyrisme peut être déploration ou hymne joyeux. Le lyrisme est emblématique de la poésie, cependant tous les poèmes ne sont pas lyriques, et on peut trouver du lyrisme dans tous les autres genres.

Le registre pathétique

Il caractérise un texte qui cherche à émouvoir le lecteur et à lui faire ressentir le sentiment de la pitié et de la compassion. On le reconnaît à l'expression de la souffrance physique ou morale, à des images violentes, à des invocations. Il joue sur la capacité d'identification du lecteur.

Le registre comique

La visée est le rire. Il joue sur le décalage entre ce qui est attendu et ce qui est produit. On le reconnaît précisément à trois types de comique : le comique de mots (jeux de mots, inventions langagières, répétitions) de gestes (gesticulations, poursuites, chutes...) et de situation (situations incongrues, quiproquos, amant dans l'armoire...). On le trouve évidemment dans les comédies, mais pas seulement.

Le registre satirique

La visée est la critique. On se moque d'une catégorie professionnelle ou sociale, en la mettant en situation. Ainsi Molière fait la satire des médecins dès qu'il en a l'occasion.

Le registre ironique

L'ironie fait entendre le contraire de ce qui est énoncé. Jeu sur le second degré, elle suppose la complicité de l'interlocuteur qui accepte de décrypter le sens. L'ironie se définit par l'antiphrase. L'ironie peut servir une visée critique. Voltaire l'utilise beaucoup.

Le registre tragique

Le héros tragique est aux prises avec le destin ou avec des forces qui le dépassent. Le lexique est noble et solennel et fait référence aux dieux, au destin, à une fatalité. Il est évidemment à l'œuvre dans les tragédies. On parle d'ironie tragique, quand le héros tragique, cherchant à se sauver et à trouver une issue favorable, prend des décisions qui vont se retourner contre lui et le mèneront là où le destin l'attend.

Le registre didactique

La visée est l'enseignement. On le reconnaît à une argumentation claire qui cherche à guider le lecteur dans sa compréhension. On peut trouver des impératifs et tous les modes d'expression du conseil.

Le registre polémique

Le mot vient du grec *polemos* qui veut dire « guerre ». Il caractérise un débat conflictuel, une argumentation menée de manière violente. Les mots servent d'armes. On cherche l'implication du destinataire.

Le registre épique

En relation avec l'épopée, c'est une narration d'épisodes guerriers qui tend à magnifier les combats et les exploits des héros jusqu'à les diviniser. L'exemple typique est *L'Iliade*, d'Homère. On emploie volontiers l'hyperbole et les procédés de l'amplification.

Le registre fantastique

Des éléments surnaturels font irruption dans le réel. On ne sait pas si ces événements sont explicables rationnellement ou non. L'angoisse ressentie est due au doute qui est maintenu jusqu'à la fin du récit. Le lexique de l'étrangeté et de la peur est employé. Le texte est souvent à la première personne ou en focalisation interne, le lecteur suit le narrateur dans ses doutes et ses peurs.

Le registre merveilleux

C'est le monde des contes de fées. Dans le monde merveilleux, il est naturel que les humains côtoient fées, ogres et animaux qui parlent… Contrairement au fantastique, le surnaturel ne provoque pas l'angoisse.

LES MOUVEMENTS LITTÉRAIRES

Pour bien comprendre un texte, il faut savoir le situer dans l'histoire des idées et des mouvements littéraires et artistiques.

1 L'humanisme

Pour ce mouvement, reportez-vous aux fiches 41, 42 et 43.

2 Le baroque

- Le baroque naît à la fin du XVIe siècle et se prolonge jusqu'au second tiers du XVIIe siècle. Il est marqué par les guerres de religion.
- Il se caractérise par l'exubérance des formes, le mouvement, les jeux de miroir, les métamorphoses (→ fiche 31). Mais ceci se dessine sur un arrière-fond pessimiste : la mort est toujours présente, le monde est inconstance et illusion.
- Le baroque s'exprime dans le théâtre et la poésie. Les effets de théâtre dans le théâtre et de mise en abyme sont privilégiés (Corneille, *L'Illusion comique*).
- Il donne lieu à deux déclinaisons antagonistes : la préciosité et le burlesque. La préciosité s'éloigne du réel en utilisant un langage raffiné (périphrases, antithèses…). Le burlesque se rapproche du réel et emprunte le registre satirique.

3 Le classicisme

- On le fait coïncider avec le début du règne personnel de Louis XIV (1661). On l'oppose en général au baroque. À la fin du XVIIe siècle, la querelle des Anciens et des Modernes (les Anciens sont pour l'imitation des modèles antiques, les Modernes sont contre) marque la fin du mouvement.
- Le classicisme se caractérise par la recherche de l'unité, de l'harmonie, de l'ordre et de l'équilibre des formes : reflet d'une beauté universelle et intemporelle que le siècle aurait enfin atteinte sous le règne de Louis XIV. Cet idéal concerne tous les domaines, y compris la langue qui doit être élégante et débarrassée de tous les jargons, celui des médecins ou celui des précieux, tous objets de moquerie chez Molière. L'honnête homme, homme social, poli et mesuré, est porteur des valeurs du classicisme.

• La visée de l'écrivain est souvent morale. Il faut plaire et instruire (« placere et docere »). Ainsi la tragédie se doit de purifier (catharsis) les passions ; la comédie corrige le vice des hommes (→ fiche 20) ; les fables délivrent une leçon. Les moralistes, par leurs portraits (La Bruyère, *Les Caractères*, 1687) et leurs maximes (La Rochefoucauld, *Maximes*, 1664) participent du même principe. Le roman est concentré et court (Madame de La Fayette, *La Princesse de Clèves*, 1678 → fiche 11), Pascal dans ses *Pensées* choisit des formes brèves et discontinues.

4 Les Lumières

• Au XVIIIe siècle, ce mouvement est européen. On parle de siècle des Lumières, de philosophes des Lumières. Attention, la plupart de ces écrivains n'ont pas connu la révolution française, même si leur réflexion l'a influencée.

• L'éloge de la raison et la foi dans le progrès le caractérisent. La lumière de la raison permet de combattre l'obscurantisme et la superstition et de faire progresser les hommes vers le bonheur. Pour les Lumières, le monde est explicable de manière rationnelle. *L'Encyclopédie* initiée par Diderot et d'Alembert se donne comme objectif d'en rendre compte dans tous ses aspects et de le rendre compréhensible.

• Les écrivains prennent des positions très critiques et s'engagent dans leur siècle ; on débat sur l'esclavage, la religion, le clergé, la tolérance et le fanatisme, par exemple. On réfléchit sur les types de gouvernement, le contrat social, et sur la place de l'individu dans la société. C'est le siècle des essais, ainsi que des formes de l'argumentation indirecte comme les utopies ou les contes philosophiques. Tout est bon pour propager les idées des écrivains philosophes et expérimenter leur validité (→ fiche 37).

5 Le romantisme

- Après la chute de Napoléon (1815), l'échec des idéaux portés par la révolution et le retour de la monarchie, les écrivains et les artistes se replient sur eux-mêmes et refusent le monde tel qu'il devient.
- Le romantisme est caractérisé par le goût de l'introspection, l'attrait pour le fantastique et pour l'exotisme ; il s'oppose au rationalisme des Lumières. La sensibilité trouve son expression dans le lyrisme ; priorité est donnée à l'imaginaire, à l'expression de la douleur et du mal du siècle. L'écriture du « je » se glisse dans le genre autobiographique.
- Le romantisme refuse les règles et les normes du classicisme. Au théâtre, le drame romantique renouvelle le théâtre classique. En poésie, Hugo impose le trimètre romantique et réclame une langue plus prosaïque. L'écrivain (associé au poète) se veut maudit, hors de la société ; il se dit aussi voyant et porteur d'une parole prophétique (→ fiche 29).

6 Le réalisme

- Les années 1850, en réaction au romantisme, marquent un retour au réel, au contemporain, au quotidien.
- Champfleury définit ainsi le réalisme : « La reproduction exacte, complète, sincère du milieu où l'on vit, parce qu'une telle direction d'études est justifiée par la raison, les besoins de l'intelligence et l'intérêt du public, et qu'elle est exempte de mensonges, de toute tricherie. » Le réalisme se caractérise donc par un sujet contemporain, qui relève du quotidien, et des personnages qui peuvent appartenir aux « basses classes ». La vie quotidienne devient un objet littéraire.
- Attention, des auteurs comme Balzac et Stendhal appartiennent aussi bien au réalisme qu'au romantisme. *Peau de chagrin* appartient à la période romantique de Balzac, *La Comédie humaine* relève d'une entreprise réaliste : ce tableau de la société moderne de 1800 à 1850 peut présenter des héros romantiques. De même, Stendhal emprunte une démarche réaliste lorsqu'il écrit que le « roman est un miroir que l'on promène le long d'un chemin », mais ses héros ont bien souvent le caractère du héros romantique (→ fiche 12).

7 Le naturalisme

• Dans les années 1870-1885, le réalisme est poussé jusqu'au bout, c'est le naturalisme. La révolution industrielle est en cours et on s'intéresse à une nouvelle classe qui n'avait jusque là pas été l'objet de la littérature : les ouvriers.

• Les naturalistes, dont Zola est le chef de file, se réclament d'une démarche scientifique et expérimentale. L'esthétique est la même que celle du réalisme, mais, en plus, l'homme est considéré comme déterminé par son milieu social. L'écriture est soutenue par un gros travail de documentation.

• Comme pour le réalisme, le naturalisme s'exprime dans le roman (→ fiche 12). Zola dans son *Roman expérimental* en explique les enjeux. Maupassant définit sa conception du roman dans la préface de *Pierre et Jean*.

8 Le Parnasse

Ce mouvement de « l'art pour l'art » touche essentiellement la poésie (→ fiche 29). Il s'étend sur toute la seconde partie du siècle, avec un point fort en 1866-1876. Il s'oppose au réalisme et au romantisme.

9 Le symbolisme

En 1886 paraît le *Manifeste du symbolisme*. Comme le Parnasse, ce mouvement touche essentiellement la poésie (→ fiche 29). Comme lui, il refuse le naturalisme, mais contrairement à lui, il veut libérer le vers de son formalisme et lui redonner du sens. Comme son nom l'indique, le symbolisme instaure l'univers du symbole, il suggère plus qu'il ne nomme. L'hermétisme en est parfois la conséquence. Mallarmé est considéré comme son chef de file. Baudelaire, Verlaine, Rimbaud en font partie.

10 Le surréalisme

Le *Manifeste du surréalisme* d'André Breton paraît en 1924. C'est un mouvement très critique qui se veut révolutionnaire et remet en cause les codes de l'écriture et de la littérature. Il est fortement influencé par les écrits de Freud sur le rêve et l'inconscient. Le rêve l'emporte sur le réel et priorité lui est donnée, l'écriture est collective, automatique. Le surréalisme trouve toute sa place en poésie et en peinture.

BILAN EXPRESS
LES OUTILS DE L'ANALYSE

Entraînez-vous à commenter les procédés traités dans les fiches notions, sur cet incipit d'*Un long dimanche de fiançailles*, roman contemporain de Japrisot. On vous donne ici quelques pistes de réflexion. À vous de les développer.

Il était une fois **cinq soldats français qui faisaient la guerre** parce que les choses sont ainsi.

Le premier, jadis aventureux et gai, portait à son cou le matricule 2124 d'un bureau de recrutement de la Seine. Il avait des bottes à ses pieds, prises à un Allemand, et ces bottes s'enfonçaient dans la boue, de tranchée en tranchée, à travers le labyrinthe abandonné de Dieu qui menait aux premières lignes.

L'un suivant l'autre et peinant à chaque pas, ils allaient **tous les cinq** vers les premières lignes, **les bras liés dans le dos**. Des hommes avec des fusils les conduisaient, de tranchée en tranchée [...] par-delà les premières lignes, par-delà le cheval mort et les caisses de munitions perdues, et toutes ces choses ensevelies sous la neige.

Il y avait beaucoup de neige et c'était le premier mois de 1917 et dans les premiers jours.

Le 2124 avançait dans les boyaux en arrachant, pas après pas, ses jambes de la boue, [...] Il y avait des dizaines et des dizaines de visages, tous alignés du même côté dans les boyaux étroits, et des yeux cernés de boue fixaient au passage **les cinq soldats épuisés** qui tiraient tout le poids de leur corps en avant pour marcher, pour aller plus loin vers les premières lignes. Sous les casques, dans la lumière du soir par-delà les arbres tronqués, contre les murs de terre perverse, des regards muets dans des cernes de boue qui suivaient un instant, de proche en proche, **les cinq soldats aux bras liés avec de la corde**.

Lui, le 2124, dit l'Eskimo, dit aussi Bastoche, il était menuisier, au beau temps d'avant, il taillait des planches, il les rabotait, il allait boire un blanc sec entre deux placards pour cuisine [...] Il y avait une fille aux cheveux noirs dans sa chambre, dans son lit, qui disait – qu'est-ce qu'elle disait ?

Attention au fil.

Ils avançaient la tête nue, vers les tranchées de première ligne, **les cinq soldats français qui faisaient la guerre, les bras liés avec de la corde détrempée et raidie comme le drap de leur** capote, et sur leur passage quelquefois, une voix s'élevait, une voix tranquille, jamais la même, une voix neutre qui disait attention au fil.

(Japrisot, *Un long dimanche de fiançailles*, 1993)

La narration est à la troisième personne et apparemment neutre et objective, pas de trace de vocabulaire affectif ou appréciatif, pourtant on sent une sourde angoisse. Elle est due à l'utilisation de plusieurs procédés.

• Le contraste entre le champ lexical dominant de la guerre et celui du bonheur simple de l'artisan (paragraphe 5).

• La complexité de la progression thématique.

– Le texte commence par le présentatif utilisé dans les contes, *il était une fois*, qui introduit l'hyperthème : *cinq soldats français qui faisaient la guerre.*

– Cet hyperthème (noté en gras rouge) est disséminé dans le texte, de façon répétitive mais accompagné à chaque fois d'une nouvelle information.

– Le sous-thème (le portrait d'un des soldats) est annoncé par la reprise anaphorique (noté en gras noir). Le système de reprise joue le suspens : le nom du soldat n'apparaît qu'en troisième position (*Lui, le 2124, dit l'Eskimo, dit aussi Bastoche*).

– À l'intérieur d'une progression à thème dérivé (hyperthème et sous-thème), on trouve des progressions à thème linéaire (par exemple les « bottes ») et des progressions à thème constants (paragraphe 5).

• Vous pouvez aussi étudier, entre autres, l'effet de :

– la cadence mineure de la première phrase ;

– le jeu de synonymie entre *tranchées, boyaux, labyrinthe* ;

– la métaphore du labyrinthe ;

– la fonction des présentatifs ;

– la personnification *mur de terre perverse* ;

– la brièveté et l'efficacité des images (*labyrinthe abandonné de Dieu*) qui suffisent à évoquer l'horreur de la guerre ;

– le rythme répétitif du texte : *boue, tranchées, premières lignes, neige* (notés en couleurs) ; etc.

• Cet incipit joue un double jeu. En effet, la formule énigmatique « attention au fil », peut appartenir à l'analepse : elle semble prononcée par la fille ; elle fait aussi partie du récit principal : une voix dit aux prisonniers de faire attention au fil. Mais c'est surtout un commentaire du narrateur qui prévient son lecteur de faire attention au fil de l'histoire.

LE PERSONNAGE DE ROMAN, DU XVIIᵉ SIÈCLE À NOS JOURS

Quels sont les enjeux de cet objet d'étude ?

1 Que dit le programme ?

« L'objectif est de montrer comment, à travers la construction des personnages, le roman exprime une vision du monde qui varie selon les époques et les auteurs et dépend d'un contexte littéraire, historique et culturel, en même temps qu'elle le reflète, voire le détermine. […] On prête une attention particulière à ce que disent les romans, aux modèles humains qu'ils proposent, aux valeurs qu'ils définissent et aux critiques dont ils sont porteurs. […] la découverte du sens passe […] par une relation personnelle au texte dans laquelle l'émotion, le plaisir ou l'admiration éprouvés par le lecteur jouent un rôle essentiel. » Extrait du B.O.

2 Quels grands axes se dégagent ?

A Le personnage

• Il s'agit d'entrer dans le roman par l'étude du personnage romanesque et de s'interroger sur les moyens dont dispose le romancier pour construire le personnage (→ fiches 10 et 14) et lui donner l'apparence d'une personne réelle.

• Vous devrez aussi établir un va-et-vient constant entre le personnage de roman et la conception de l'homme et du monde auquel il renvoie (→ fiches 11, 12 et 16).

B Une vision du monde

• Vous êtes ainsi amenés à vous intéresser à la relation entre fiction et réalité. Un roman est une œuvre de fiction, que dit-il du monde ? Tente-t-il de le décrire (→ fiche 14), de le critiquer, de s'en échapper ? (→ fiches 11 et 12)

• Il ne s'agit pas seulement d'étudier les intentions qu'un auteur peut expliciter dans ses préfaces ou manifestes, mais d'étudier quelle vision – le choix du mot est important – il renvoie du monde, ce qu'il en dit implicitement.

C Une vision déterminée par l'Histoire

• Le monde parcouru par le chevalier de la Table ronde, à la recherche d'aventures qui sont autant d'épreuves le menant à la sagesse, n'est pas le même que celui du héros du *Tour du monde en quatre-vingt jours* de Jules Verne. Les romans diffèrent donc en fonction de la réalité historique qui les voit naître.

• Mais un roman ne donne pas seulement à voir la réalité d'une époque, il en propose une interprétation (le mot « vision » s'entend ici au sens figuré). Le voyageur dans la lune de Cyrano de Bergerac, auteur français du XVIIe siècle, et les voyageurs interstellaires de Bradbury, auteur américain du XXe siècle, ne font pas le même voyage ; leurs voyages s'inscrivent dans des esthétiques différentes, et révèlent des préoccupations différentes selon l'époque (→ fiches 11, 12 et 15).

D Le roman et le monde

• Le monde change, les romans changent. Chaque époque invente son roman, en fonction de sa manière de s'approprier le réel et de le comprendre (→ fiches 11 et 12).

• Mais les œuvres ne sont pas sans influer en retour sur l'époque. Ainsi, au XVIIIe siècle, l'homme commence à être pensé comme individu ; au même moment, des formes romanesques permettant l'expression du « je » apparaissent (→ fiche 12). Inversement, cette nouvelle possibilité d'expression va permettre de propager une nouvelle conception de l'individu et de lui donner corps.

• Le monde réel est donc la source du roman, mais le fictif renvoie au monde quelque chose qu'il a à dire du réel. Le réel et le fictif se nourrissent l'un l'autre.

E Et le lecteur ?

Tout roman implique trois instances : le narrateur (→ fiche 14), le personnage et le lecteur (→ fiche 13). Ce dernier non seulement établit une relation avec le personnage, mais est partie prenante de la construction du sens (→ fiche 13).

Il est possible de suivre l'évolution du roman et du personnage en parallèle avec une réflexion sur l'évolution du monde et de l'homme. Mais n'oubliez pas que le roman n'est pas une copie conforme du monde, et qu'il le transforme. C'est cette vision propre à chaque auteur qu'il vous faut chercher à cerner à travers l'étude des personnages.

LE PERSONNAGE DE ROMAN

Le roman est un récit de fiction qui raconte une histoire construite autour de personnages fictifs.

1 Le système des personnages

A Personne, personnage, personnalité

- Le personnage romanesque est « un être de papier ». Il ne faut pas le confondre avec une personne réelle. Il est une construction du romancier qui lui donne sens.
- Pour être crédible, il doit être vraisemblable et acquérir une personnalité.

B Le héros

- Dans la mythologie gréco-latine, le mot « héros » désigne à la fois des hommes qui se distinguent par leurs exploits et les demi-dieux (enfants d'une mortelle et d'un dieu). Les premiers héros de roman sont les héritiers de cette double conception : ils sont courageux et nobles dans leurs actes et porteurs de valeurs morales.
- Par la suite, le terme sert à désigner le personnage principal du roman, qu'il soit héroïque ou non.
- Quand il contredit trop notre idée de l'héroïsme, qu'il est trop maladroit et perdu, on parle d'anti-héros. Il ne faut pas le confondre avec l'anti-personnage, qui relève d'une volonté de déconstruction du personnage romanesque (→ fiche 12) et d'un refus de l'illusion référentielle (→ fiche 14).

C Le personnel romanesque

- Les personnages tissent un réseau de relations. Le schéma actantiel en rend compte : le héros, ou sujet, cherche à atteindre un but, l'objet. Dans cette quête, il rencontre des aides, les adjuvants, et des obstacles, les opposants. Le destinateur lui assigne son objet, le destinataire juge de sa réussite.
- On peut aussi étudier les personnages selon un système de valeurs défini par le roman. Ainsi dans *Le Rapport de Brodeck* de Philippe Claudel (2007), cinq catégories de personnages se dégagent, des plus purs aux plus coupables.
- Enfin, ils peuvent s'organiser selon un système de cercles concentriques qui va des personnages centraux aux person-

nages secondaires ; on s'interroge alors sur la fonction de ces derniers : faire-valoir, effet de réel, etc. ?

2 La construction du personnage

A Une identité

- Comme tout être de chair, le personnage est doté d'une identité, (nom, prénom, âge, sexe, situation familiale, profession) ; il appartient à une époque, un milieu social ; il se caractérise physiquement et moralement.
- Ces informations peuvent être données dès son apparition (portrait) ou être disséminées dans le texte.

B Des paroles

Ses paroles peuvent être rapportées de différentes manières.

- Le discours direct nous fait entendre sa voix propre (populaire/distingué, violent/doux…).
- Le discours indirect permet au narrateur de nuancer ou de modaliser ses paroles.
- Le discours indirect libre nous donne accès à ses pensées, à son intériorité.

C Un regard

Notre connaissance du personnage dépend de la focalisation (ou point de vue) adoptée par le narrateur.

- En focalisation externe, le lecteur découvre le personnage en même temps que le narrateur.
- En focalisation zéro, le narrateur partage avec le lecteur sa connaissance (passé, présent, futur) et son analyse du personnage.
- En focalisation interne, le lecteur suit le personnage dans ses pensées et voit le monde à travers son regard.

3 Le personnage et l'auteur

Une lecture naïve fait souvent du personnage principal le double de l'auteur. Or, de nombreux romanciers affirment que leurs personnages sont composés de traits pris dans des personnes différentes.

▶ **Le personnage trouve sa cohérence dans le récit et par le récit. C'est la manière dont le récit construit son personnage que vous devez mettre à jour.**

LE ROMAN AUX XVIIe ET XVIIIe SIÈCLES

Au XVIIe siècle, face aux tragédies, le roman, déconsidéré, cherche sa voie. Au XVIIIe siècle, dans une société qui se transforme et qui valorise la recherche du bonheur individuel, les écrivains explorent les possibilités d'expression du roman.

1 Le roman au XVIIe siècle

A Le roman pastoral, le roman héroïque et précieux

• Ces longs romans ne visent pas la vraisemblance.

• Le roman pastoral (Urfé, *L'Astrée*, 1607-1619) met en scène des bergers et des bergères dont les conversations reprennent celles des salons précieux.

• Le roman héroïque et précieux (Scudéry, *Le Grand Cyrus*, 1649-1653, *Clélie*, 1654-1661) montre des héros idéalisés impliqués dans des quêtes complexes évoquant celles des romans de chevalerie.

B Le roman parodique

• Le modèle en est *Don Quichotte* (1605-1615) de Cervantès. Le personnage se prend pour un héros de roman de chevalerie, mais le monde dans lequel il vit a changé : le décalage entre les valeurs périmées qu'il défend et la réalité de l'Espagne est porteur de comique.

• Le *Roman comique* (1651-1657) de Scarron et *Le Roman bourgeois* (1666) de Furetière appartiennent à la même veine réaliste et satirique.

• Cyrano de Bergerac propose une autre forme de roman comique avec *L'Autre Monde ou les États et Empires de la Lune et du Soleil* (1657), voyage fantaisiste dans la lune et le soleil.

• Ces romans baroques (→ fiche 7) transcrivent le réel, mais sur le mode comique.

C Le roman d'analyse

• *La Princesse de Clèves* de Mme de La Fayette (1678) en est l'exemple. Il relève d'une esthétique classique par la brièveté du récit concentré autour d'une action principale. Il oppose passion et raison dans un univers réaliste.

• La proximité avec le réel vécu par les lecteurs est une nouveauté. L'analyse psychologique du personnage en fait un roman moderne.

2 Le roman au XVIIIe siècle

A Le roman-mémoires

Il donne la parole à des personnages de fiction qui racontent, à la première personne, les étapes de leur vie :
– soit une ascension sociale (Marivaux, *Le Paysan parvenu*, 1735, et *La Vie de Marianne*, 1731-1741) ;
– soit une déchéance : on assiste à la dépravation morale d'un héros subissant des influences néfastes (l'abbé Prévost, *L'Histoire de Des Grieux et de Manon Lescaut*, 1731).

B Le roman épistolaire

• Il croise la correspondance de plusieurs épistoliers. Le narrateur s'efface, les points de vue des personnages se confrontent ; c'est au lecteur de construire le sens.
• Ce genre à succès répond à des visées différentes :
– dans *Les Lettres persanes* (1721), Montesquieu se sert du « regard étranger » pour examiner les mœurs françaises et critiquer la monarchie de Louis XIV ;
– dans *Les Liaisons dangereuses* (1782), Laclos, dévoilant les intrigues de deux libertins, montre les rouages d'une société basée sur l'hypocrisie ; *La Paysanne pervertie ou les Dangers de la ville* de Restif de la Bretonne raconte la déchéance progressive d'une paysanne venue à Paris.
• Ce nouveau genre permet de mêler intrigue amoureuse et longues dissertations politiques ou morales, comme dans *Julie ou la Nouvelle Héloïse* de Rousseau (1761).

C L'anti-roman

• L'Anglais Laurence Sterne, dans *Vie et opinions de Tristram Shandy* (1759-1767), joue avec le roman : le fil du récit, interrompu par des digressions constantes, se perd.
• Diderot, dans *Jacques le fataliste* (1796), suit le même principe : le dialogue de Jacques et de son maître est sans cesse entrecoupé par des apostrophes au lecteur qui rappellent l'illusion de la convention romanesque et empêchent toute adhésion au récit.

Le roman évolue au rythme des changements de la société et de ses valeurs. Il connaît ainsi diversité et inventivité.

LE ROMAN DU XIXe SIÈCLE À NOS JOURS

Le XIXe siècle – romantique, réaliste ou naturaliste – est celui du roman. Le XXe siècle tente de saper le roman dans ses bases : l'intrigue et le personnage romanesque.

1 Le roman au XIXe siècle

A Le roman romantique

• Il met souvent en scène un héros en conflit avec la société, ou qui s'en exclut par l'exil *(René* de Chateaubriand*)* ou par un caractère hors du commun *(Corinne* de Mme de Staël).

• Le roman romantique peut être historique : les troubles de 1789, les campagnes de Napoléon, le retour mouvementé de la monarchie fournissent une riche matière. *Les Misérables* de Victor Hugo lui donnent un versant social.

• Il peut aussi plonger dans l'histoire plus ancienne (*Ivanhoé* de Walter Scott, traduit en 1820, influence fortement le roman français), ou dans le fantastique ; c'est la mode des romans gothiques.

B Le roman réaliste

• Il observe en profondeur la société. Balzac et Stendhal sont considérés comme ses précurseurs.

• Dans *La Comédie humaine*, Balzac décrit la société de son temps en créant des personnages représentatifs de tous les milieux. Ceux de Stendhal sont pris dans l'Histoire ; ceux de Flaubert appartiennent à la bourgeoisie provinciale ou au monde parisien de la presse.

C Le roman naturaliste

• Il se veut le compte rendu documenté de la réalité sociale.

• Le personnage, sous l'œil scientifique du romancier, devient le cobaye d'une expérimentation qui vise à montrer que l'homme est déterminé par son contexte et son hérédité.

• Dans leur grandeur et leur misère, dans leurs combats contre un destin moderne, les personnages des *Rougon-Macquart* de Zola rejoignent les héros dc l'Antiquité.

D Le roman d'apprentissage

À travers leur destinée individuelle, les personnages de Stendhal (Julien Sorel), de Balzac (Rastignac), de Flaubert (Frédéric Moreau) et de Maupassant (Bel-Ami) s'adaptent ou non à la société de leur temps.

2 Le roman au XXe siècle

A Marcel Proust et la vision subjective

Dans *À la Recherche du temps perdu*, le personnage et son destin cèdent la place à un « je » intériorisé. Certes l'auteur représente minutieusement le monde, et même le mondain, mais il s'agit d'abord de l'analyse d'une conscience.

B L'écriture de la guerre et les anti-héros

- Les romans prenant pour thème les deux guerres mondiales révèlent un homme englué dans des événements qu'il ne maîtrise pas et contre lesquels il peut s'insurger violemment (Céline, *Voyage au bout de la nuit*).
- L'homme dans toute sa détresse et le héros démythifié se rejoignent dans les personnages clochardisés de Beckett (*Molloy*), incapables d'action dans un monde dénué de sens.

C Le nouveau roman

- Dans les années 1950-70, certains écrivains remettent en cause les codes du roman. Sarraute refuse l'effet « trompe-l'œil » qui, sous prétexte de vouloir rendre le réel, détourne le lecteur de la « vérité profonde » de l'être. Robbe-Grillet refuse le personnage et l'utilisation du réel comme supports d'une intrigue.
- Les auteurs du nouveau roman cherchent à déconstruire le personnage : il n'a souvent pas de nom, ou juste une initiale.
- Les descriptions sont si détaillées qu'elles en deviennent autonomes et déréalisent toute intrigue dans un monde devenu flou, étrange et labyrinthique.

3 Le roman aujourd'hui

Le personnage et l'intrigue reviennent. Coexistent des écritures très différentes jouant souvent sur les limites entre les genres. L'autofiction, hybride d'autobiographie et de roman, utilise la fiction pour accéder à la connaissance de soi.

Les visions du monde exprimées dans les romans sont tributaires de l'Histoire. Cependant certaines formes se retrouvent de siècle en siècle. Ainsi l'anti-roman, qui questionne les conventions romanesques, se trouve aussi bien au XVIIe qu'au XVIIIe ou XXe siècle.

LIRE UN ROMAN

Quels liens le lecteur tisse-t-il avec le roman et réciproquement ?

1 Le roman et son lecteur

A Le pacte de lecture

• On appelle incipit le tout début du roman. Il a trois fonctions :
– donner des informations (lieu, temps, action, personnages) ;
– susciter l'intérêt (début progressif ou *in medias res*) ;
– nouer un pacte de lecture entre le narrateur et le lecteur (orientations quant au type de lecture attendu).

• Ce pacte peut être explicite : le narrateur s'adresse directement à son lecteur en lui indiquant les conditions dans lesquels le récit est raconté par exemple, ou en jouant sur la pitié ou le rire. Il peut aussi être implicite : le nom de l'auteur, le titre, le style, le nom des personnages, la mise en page, etc., créent un horizon d'attente chez le lecteur.

B Le « lecteur modèle »

Les mots du texte ne prennent sens que si le lecteur possède les connaissances encyclopédiques pour les comprendre. Quand il écrit, l'auteur doit donc prévoir « un lecteur modèle » capable de recréer le monde romanesque tel qu'il a lui-même essayé de le construire : il n'écrira pas de la même manière pour un lecteur de dix ans ou de vingt ans.

C Un lecteur actif

• Suivant le genre du roman, le lecteur occupe des postures différentes. Il est enquêteur par exemple quand il lit un roman policier. Pour le roman épistolaire, le lecteur se fait voyeur et partage l'intimité des personnages, de même pour le roman-mémoires.

• Il crée aussi le personnage : il remplit les vides de la narration, il lui donne une épaisseur. En complétant le personnage, il instaure une relation quasi personnelle avec ce dernier.

2 Le personnage et son lecteur

A L'identification

• Le lecteur est amené à énoncer un jugement de valeur, à prendre position par rapport au personnage, à éprouver des émotions. On réduit en général celles-ci à l'identification du lecteur au personnage, mais elles peuvent revêtir d'autres formes (la haine, le dégoût…).

• Ce processus implique totalement le lecteur et le fait devenir autre, mettant en marche, comme au théâtre, une sorte de catharsis (→ fiche 19). Il devient le personnage de roman et il est ainsi conduit à faire un travail sur lui-même, à se demander comment il aurait agi lui aussi dans telle ou telle situation.

B Une distance

• Pour qu'il y ait identification entre le personnage et le lecteur, l'auteur doit disparaître afin de permettre l'illusion et la projection dans le roman comme dans un monde réel.

• Or un certain nombre d'auteurs jouent avec ce code, interviennent, commentent, manient l'ironie, et ce faisant imposent une distance entre le personnage et son lecteur (par exemple Diderot dans *Jacques le fataliste* ou Stendhal dans *La Chartreuse de Parme*).

• Certains romans (*Madame Bovary* de Flaubert, *Don Quichotte* de Cervantès) mettent en garde contre l'illusion référentielle qui conduit le lecteur à croire à la réalité de ce qu'il lit.

C Contre l'identification

Les auteurs du nouveau roman (→ fiche 12), remettent en cause l'ensemble roman-personnage et sa visée réaliste. Dans leur grande entreprise de déconstruction du roman, ils refusent le personnage de type balzacien, et interdisent ainsi au lecteur l'entrée dans le roman par la porte de l'identification, quitte à le dérouter et à solliciter un autre type de participation.

L'implication du lecteur est un ingrédient clé de la lecture d'un roman. Attention néanmoins à ne pas réduire tout le processus de lecture à l'imagination et à l'identification. Il faut aussi retenir que, en lisant, le lecteur participe de la création du texte ; le texte ne se transforme en univers romanesque que par son lecteur.

POUR ANALYSER LE ROMAN : LES PRINCIPAUX OUTILS

De quels éléments doit-on tenir compte pour analyser un extrait de roman ?

1 Texte descriptif et texte narratif

• Une description s'effectue dans l'espace, une narration dans le temps. Le tableau ci-dessous rappelle les principales oppositions entre un texte descriptif et un texte narratif.

	Texte descriptif	Texte narratif
Temps verbaux	Imparfait, présent de description	Passé simple, passé composé, présent de narration
Types de verbes	Verbes d'état	Verbes d'action
Connecteurs	Prépositions et locutions de lieu	Adverbes et locutions de temps
Lexique	Adjectifs, lexique sensoriel	Verbes, lexique de l'action
Figures de style	Figures d'analogie	Pas de figure spécifique

• On appelle effet de réel ou illusion référentielle tous les détails qui servent à donner un aspect réel : dates, références ou allusions à des événements historiques, description des mœurs et modes de vie…

• Le portrait relève du discours descriptif. Il faut être attentif à l'ordre dans lequel les éléments sont décrits. Un portrait peut être : physique et/ou moral ; élogieux ou dépréciatif ; arrêté ou en mouvement ; précis ou imprécis.
Une absence de portrait doit aussi être analysée.

• Une description peut avoir différentes fonctions : référentielle (réaliste), documentaire, poétique ou esthétique, appréciative ou évaluative, narrative.

2 Le mode de narration

A Le rythme du récit

• Il dépend de la relation entre le temps du récit et le temps de l'histoire.

• Pour le déterminer, on compare la durée des faits et la durée du récit :
– lorsque la durée des faits est égale à la durée du récit, on parle de scène (un dialogue, par exemple) ;
– lorsque la durée du récit est plus longue que celle des faits, on parle de pause (une description, par exemple) ;
– quand un fait est passé sous silence, on parle d'ellipse ;
– quand le récit est plus court que les faits, on parle de sommaire.

B L'ordre de la narration

• La linéarité d'un récit (ordre chronologique) peut être perturbée par des analepses (ou retours en arrière), plus rarement par des prolepses (narration de faits qui ne se sont pas encore déroulés).

• La narration est le plus souvent rétrospective (narration ultérieure). Les événements peuvent être racontés au fur et à mesure de leur déroulement (narration simultanée). Ils sont rarement racontés avant leur déroulement effectif (narration antérieure).

• Il faut être attentif aux structures d'emboîtement (ou enchâssement) qui permettent soit d'insérer un récit dans le récit (par exemple un narrateur donne la parole à un autre narrateur), soit de croiser plusieurs fils narratifs.

3 Les types de narrateur

A Le narrateur extérieur au récit

• Le récit est à la 3e personne.
• Le narrateur peut rester totalement invisible et neutre.
• Il peut laisser deviner sa présence par des commentaires ou interrompre son récit par des jugements positifs ou négatifs, voire ironiques, sur le personnage ou sur l'action.

B Le narrateur intérieur au récit

• Le récit est à la 1re personne.
• Le personnage-narrateur est témoin ou personnage principal de l'action.

► Le texte est-il descriptif ? narratif ? Quel est le mode de narration ? Le narrateur fait-il entendre sa voix ? ou bien est-ce le personnage que l'on entend ? Quelle est la focalisation (→ fiche 10) **? Telles sont les premières questions que vous devez poser à un extrait de roman.**

LE ROMAN ET LA PEINTURE

Si le roman est un récit d'actions construit autour de personnages, comment les autres arts, et particulièrement la peinture, réalisent-ils le même programme ?

1 Les genres picturaux

• L'autoportrait est la représentation de l'artiste par lui-même. Il se représente d'abord à l'intérieur de scènes religieuses, puis l'autoportrait devient tableau à part entière.

• Le portrait représente une personne réelle. Il est réaliste ou idéalisé. Au XVIIe siècle apparaissent les portraits de pouvoir (rois, aristocrates, hommes d'église). Le portrait peut être en pied (personne entière), en buste (jusqu'à la taille), en demi grandeur (jusqu'aux cuisses) mais aussi assis, de dos, de face, de profil, de trois-quarts, individuel ou de groupe.

• Les paysages représentent un site, naturel ou construit, réel ou imaginaire, avec ou sans personnages. D'abord fond pour les portraits ou les scènes mythologiques ou religieuses, le paysage conquiert son autonomie au XVIe siècle pour acquérir ses lettres de noblesse au XIXe siècle.

• Les natures mortes représentent des objets naturels ou manufacturés formant une composition. Les vanités en sont une variation : les objets représentés sont symboliques de la fragilité de la vie et de la fuite du temps (sablier, tête de mort, bougie, fleur qui se fane…). Elles ont une portée morale.

• La peinture d'histoire représente des faits dont le spectateur peut avoir déjà connaissance ; ceux-ci sont tirés de la mythologie, de l'histoire, de la religion ou de la littérature. Elle peut avoir valeur didactique ou de propagande.

• La peinture de genre représente des scènes tirées de la vie quotidienne familiale ou populaire.

2 Raconter et montrer

La peinture est en compétition avec la littérature pour la représentation des personnages et des événements constitutifs d'un récit. Si le portrait, ou image arrêtée, semble être du domaine de la peinture, le récit, ou image en mouvement, semble destiné au roman. Comment chacun intervient-il dans le domaine de l'autre ?

A La peinture qui raconte

- La peinture d'histoire représente le plus souvent un épisode central que le spectateur saura resituer dans son contexte. Mais elle peut aussi reproduire les différents épisodes d'une action les uns à côté des autres (tapisserie de Bayeux). Le diptyque et le triptyque (tableau qui s'articule en deux ou trois parties) permettent de représenter plusieurs épisodes d'un même événement. Différentes scènes peuvent être aussi incrustées dans un même tableau comme dans un vitrail.
- La peinture de genre, qui ne fait pas appel à un savoir préalable du spectateur, est soit statique (capture d'un instant de la vie quotidienne), soit dynamique : une scène dramatisée incite le spectateur à reconstituer une action.

B La littérature qui montre

- Pour décrire, la littérature emprunte à la peinture son lexique, ses techniques picturales : ainsi Balzac utilise-t-il le clair-obscur pour le portrait du colonel Chabert.
- Quand un texte décrit une œuvre d'art, on parle d'*ekphrasis* : la littérature rivalise avec la peinture puisqu'il s'agit de faire voir avec des mots ce que les yeux ne peuvent voir (par exemple la description du bouclier d'Achille dans *L'Iliade*).

3 Interactions entre tableaux et romans

Tableaux et romans sont parfois complémentaires.

- Les portraits de personnages de la cour de Henri II peints par François Clouet évoquent ceux de *La Princesse de Clèves* de Mme de La Fayette.
- *Le Verrou* de Fragonard montre une scène de séduction qui semble sortie des *Liaisons dangereuses* de Laclos.
- Hugo semble s'inspirer de la peinture d'histoire de Delacroix, *La Liberté guidant le peuple* (1831), pour créer le personnage de Gavroche lors des scènes de barricades des *Misérables* (1862).

▶ Qu'on en fasse le portrait ou qu'on relate ses actes, le personnage appartient aussi bien à la peinture qu'au roman. Les deux arts s'empruntent l'un à l'autre, aussi gagne-t-on toujours à se demander comment le texte cherche à nous faire voir et s'il emprunte ses techniques à un art visuel.

BILAN EXPRESS
LE PERSONNAGE DE ROMAN

Le personnage, composante clé du genre romanesque

> 1. Il faut donner le maximum d'informations sur un personnage : sur son apparence physique, sur sa façon de parler et de se comporter ; 2. Il faut faire connaître le passé d'un personnage, car c'est là que se trouvent toutes les motivations de son comportement présent ; et 3. Le personnage doit avoir une totale indépendance, c'est-à-dire que l'auteur et ses propres considérations doivent disparaître pour ne pas déranger le lecteur qui veut céder à l'illusion et tenir la fiction pour une réalité.
>
> (Kundera, *L'Art du roman*, 1986)

▶ Si Kundera vous indique ici l'art de créer un personnage romanesque, il vous donne par la même occasion les entrées pour son analyse !

> Dire que je fais mon possible pour ne pas parler de moi.
>
> (Beckett, *Molloy*, 1951)

▶ Le personnage est indissociable du roman. Qu'on le glorifie ou qu'on le malmène, il est difficile d'envisager un roman sans personnage. Ainsi Beckett s'emploie à diminuer physiquement et moralement ses personnages. Mais ce faisant, comme le rappelle ici Molloy, ils restent bien au centre du roman.

Le personnage ou les personnages ?

> Le roman de personnages appartient bel et bien au passé, il caractérise une époque : celle qui marqua l'apogée de l'individu. Peut-être n'est-ce pas un progrès, mais il est certain que l'époque actuelle est plutôt celle du numéro matricule. Le destin du monde a cessé, pour nous, de s'identifier à l'ascension ou à la chute de quelques hommes, de quelques familles.
>
> (Robbe-Grillet, *Pour un nouveau roman*, 1957)

▶ D'après Robbe-Grillet, les types de personnages sont déterminés par l'époque qui les voit naître. Les personnages romanesques nous disent donc quelque chose du monde tel qu'il est vu à une époque donnée par un auteur donné. Ils en sont l'interprétation concrète.

Le personnage, un héros ?

> Les héros ont notre langage, notre faiblesse, nos forces. Leur univers n'est ni plus beau ni plus édifiant que le nôtre. Mais eux, du moins, courent jusqu'au bout de leur destin et il n'est jamais de si bouleversants héros que ceux qui vont jusqu'à l'extrémité de leur passion.
>
> (CAMUS, *L'Homme révolté*, 1951)

▶ Si le lecteur s'attache au personnage, c'est souvent parce qu'il dit quelque chose de lui. Il peut lui ressembler, mais il est par nature toujours différent.

> Nous avouerons que notre héros était fort peu héros en ce moment.
>
> (STENDHAL, *La Chartreuse de Parme*, 1839)

▶ Le commentaire ironique du narrateur de *La Chartreuse de Parme* nous invite à nous demander si le héros d'un roman doit vivre en héros pour être un bon héros (au sens de personnage) de roman.

Le personnage manipulé ou autonome ?

> Je me présente Hubert Lubert [...]. Étant romancier, j'écris donc des romans. Écrivant des romans, j'ai affaire à des personnages. Or voici que l'un d'eux vient de s'éclipser. Textuellement. Un roman que je venais de commencer, une dizaine de pages environ, [...], et voilà que le personnage principal, à peine esquissé, disparaît.
>
> (QUENEAU, *Le Vol d'Icare*, 1968)

▶ Icare, le personnage principal, refuse d'être manipulé par son auteur, il veut vivre son propre destin et réclame sa liberté. Mais ce n'est qu'illusion puisque le livre se ferme sur ces derniers mots du romancier : « Tout se passa comme prévu ; mon roman est terminé. » Cette mise en abyme du travail de l'écrivain permet de réfléchir sur le mode de création du personnage par l'auteur.

▶ **Le roman est « la grande forme de la prose où l'auteur, à travers des ego expérimentaux (personnages), examine jusqu'au bout quelques grands thèmes de l'existence. » (Kundera, *L'Art du roman*, 1986)**

LE TEXTE THÉÂTRAL ET SA REPRÉSENTATION DU XVIIe SIÈCLE À NOS JOURS

Quels sont les enjeux de cet objet d'étude ?

1 Que dit le programme ?

« L'objectif est de faire découvrir des œuvres théâtrales qui renouvellent les formes classiques étudiées en seconde, mais aussi de sensibiliser les élèves à l'art de la mise en scène, notamment dans sa capacité à enrichir l'interprétation. La réalisation scénique déterminant profondément l'écriture des textes dramatiques et permettant d'en faire jouer pleinement les effets, on s'attache à faire percevoir aux élèves les interactions entre texte et représentation. Prenant appui sur une programmation locale ou sur des captations, l'étude proprement littéraire du texte théâtral sera étayée par l'analyse de mises en scène comparées, et prendra ainsi en compte les données propres de la dramaturgie. » Extrait du B.O.

2 Quels grands axes se dégagent ?

A Un genre double

- Jusqu'en classe de seconde vous avez étudié le texte théâtral, peut-être êtes-vous allé au théâtre mais vous n'avez sans doute pas étudié la relation entre le texte et le spectacle qui le donne à voir. C'est sur ce double aspect du genre théâtral, à la fois texte et représentation, que l'on vous demande de réfléchir cette année. (→ fiches 22 et 24)
- Il faudra donc d'abord s'interroger sur les spécificités du genre théâtral : la situation est particulière puisque le lecteur cède la place au spectateur. Comment définir alors le théâtre ? (→ fiche 18)

B Le texte théâtral et la dramaturgie

- Quelles sont les conséquences de cette situation particulière sur l'écriture du texte théâtral ? À quelles contraintes doit-il obéir ? (→ fiches 18 et 23)
- Qu'est-ce qu'un texte de théâtre (l'écrit), comment fonctionne-t-il ? Vous devrez aussi vous demander ce qui dans le texte permet de passer à la mise en voix (l'oral, le sonore, le visuel) dans l'espace du théâtre. Il faudra ainsi être toujours

attentif, dans vos analyses, à la dimension scénique du texte. (→ fiches 18, 22 et 23)

C Le rôle du metteur en scène

• L'auteur est celui qui écrit la pièce, le metteur en scène est celui qui la met en scène. Quand vous voyez une pièce, vous voyez en fait le travail de l'auteur, du metteur en scène et des acteurs ; quand vous lisez le texte théâtral, vous n'avez pas tous ces intermédiaires. On a donc forcément à se demander ce que fait le travail du metteur en scène et des acteurs au texte. (→ fiche 22)

• Vous devrez vous poser deux grands types de questions :

– matériellement, quel est le travail du metteur en scène (direction d'acteurs, choix esthétiques…), et quel est la conséquence de ces choix sur le sens de la pièce ? (→ fiche 22)

– de manière plus générale, quelle part de liberté a-t-il par rapport au texte ? Jusqu'où peut-il infléchir le sens d'une pièce ? Est-il finalement un créateur à part entière ou un simple adaptateur ? (→ fiche 22) Pour répondre à ces questions, il est utile de comparer différentes mises en scène d'un même texte.

D L'évolution du genre théâtral

• Du XVIIe siècle à nos jours, le théâtre a bien sûr beaucoup évolué. Du théâtre de l'Antiquité (→ fiche 19) au théâtre classique (→ fiche 20) et au théâtre contemporain (→ fiche 21), il existe des bouleversements mais aussi des invariants.

• La relation entre texte et représentation est différente suivant les époques, les genres et les registres. En effet, certaines périodes de l'histoire littéraire, certains genres, et les registres qui leur sont associés, privilégient le texte sur la représentation, ou l'inverse : le rapport (le jeu, la distance) entre le texte et sa mise en scène n'est pas toujours pensé de la même manière. Toute étude historique de l'évolution du genre doit donc prendre en compte cette dimension. (→ fiches 19, 20, 21 et 23)

Allez au théâtre, faites-vous critiques : comparez, discutez les différentes mises en scène ; constituez-vous une culture personnelle et vivante.

3

LE THÉÂTRE, UN GENRE PARTICULIER

Le texte théâtral est un genre littéraire particulier : c'est un texte écrit pour être joué et vu par un spectateur dans l'espace du théâtre. Qu'est-ce que cela implique ?

1 Trois spécificités

A Une action représentée

• Pour Aristote le théâtre est une « mimésis », c'est-à-dire une action représentée sur scène. Cette action n'est pas une action réelle, elle mime le réel.

• Contrairement au roman, l'action n'est pas racontée, il n'y a donc pas de narrateur. Tout passe par le dialogue et les éléments de la représentation (gestes, voix, déplacements…).

B Les conventions théâtrales

• Comme toute œuvre littéraire, le théâtre nous ouvre un monde de fiction ; mais l'illusion y est plus présente qu'ailleurs : comment ne pas savoir que le château que je vois sur scène n'est qu'un décor peint !

• Aller voir une pièce de théâtre, c'est donc accepter par convention de croire vrai ce que l'on sait faux.

• On dit qu'il y a une barrière symbolique qui sépare d'un côté la scène et la représentation qui s'y déroule, de l'autre côté la salle et les spectateurs dans la pénombre.

C La double énonciation

• La situation d'énonciation est particulière : sur la scène, des personnages se parlent (premier niveau d'énonciation), mais ce n'est qu'un jeu dont le véritable destinataire est le spectateur (second niveau d'énonciation).

• Une des premières conséquences est que le spectateur en sait plus que les personnages : il assiste à toute l'intrigue, alors que les personnages ne sont pas censés savoir ce qui se passe quand ils ne sont pas présents sur scène.

• La double énonciation joue sur la complicité entre personnages et spectateurs. Elle peut être exploitée de différentes manières et peut donner lieu à une tension tragique (Racine, *Britannicus*, 1669) ou à un effet comique (Molière, *Tartuffe*, 1664).

2 Texte et représentation

A Les didascalies

On en trouve deux sortes :

- Les didascalies externes sont les instructions que le dramaturge destine au metteur en scène et aux acteurs, pour indiquer les tours de parole (nom en majuscules), les gestes et le ton (en italiques). Les décors et accessoires peuvent être indiqués au début d'un acte, d'une scène ou au cours même d'une scène. Ces didascalies sont extérieures au texte qui va être dit sur scène.
- Les didascalies internes appartiennent au dialogue lui-même. Elles peuvent donner des indications sur un accessoire : « Prends un siège » (Corneille, *Cinna*, 1639) ; une attitude : « Ah ! le voici. Grands dieux ! à ce noble maintien/ Quel œil ne se serait pas trompé comme le mien ? » (Racine, *Phèdre*, 1677) ; un mouvement « Montre-moi tes mains » (Molière, *L'Avare*, 1668).
- Suivant les époques, les didascalies externes sont plus ou moins présentes : quasi inexistantes dans la tragédie classique du XVIIe siècle, elles prennent de plus en plus d'importance du XIXe au XXe siècle.

B Une relation complexe entre texte et représentation

- Certaines pièces n'ont pas été écrites en fonction des contraintes de la scène, c'est le cas des pièces de Musset regroupées sous le titre *Un spectacle dans un fauteuil* (1832-34). Trop complexes pour les moyens techniques de l'époque, elles sont cependant jouées sans problème de nos jours.
- Certaines pièces n'ont d'autre texte qu'une sorte de canevas à partir duquel les acteurs improvisent, c'est le cas de la commedia dell'arte (→ fiche 20).
- Il ne faut pas oublier qu'au XVIIe siècle, par exemple, le texte d'une pièce peut être publié bien après sa création. Ainsi, la première représentation de *L'Avare* de Molière a lieu en 1668 et la publication du texte en 1669.

Le théâtre est un genre double. Pour étudier un texte de théâtre, il est indispensable de tenir compte des éléments de sa représentation.

LE THÉÂTRE ET L'ANTIQUITÉ GRÉCO-ROMAINE

Le théâtre tel que nous le connaissons aujourd'hui trouve ses racines dans l'Antiquité gréco-romaine.

1 Les origines du théâtre

A Une naissance ancienne

Le théâtre naît en Grèce de la célébration du culte de Dionysos. Pendant cette fête religieuse, le sacrifice d'un bouc était accompagné de chants et de danses, le dithyrambe. Au Ve siècle av. J.-C., la cité organise des concours entre dramaturges qui doivent présenter chacun trois tragédies et un drame. Les archontes, hauts magistrats, choisissent les auteurs qui vont concourir ; les chorèges, riches citoyens, sont désignés pour prendre en charge les frais.

B La représentation dans le monde de l'Antiquité

- Du dithyrambe originel, on conserve une structure duelle qui alterne chants et paroles. C'est pourquoi le théâtre antique comporte deux lieux : au fond, la scène réservée aux personnages et, devant, l'orchestre réservé au chœur.
- Les premières pièces n'ont qu'un seul acteur. « Eschyle porta de un à deux le nombre des acteurs, diminua l'importance du chœur et donna le premier rôle au dialogue ; Sophocle porta le nombre des acteurs à trois et fit peindre la scène. » (Aristote, *Poétique*.)
- Le théâtre est en plein air. Les acteurs sont grandis par des perruques et des cothurnes (hauts souliers), ils portent des masques. Les décors sont quasi inexistants.

C Éléments de dramaturgie

- La tragédie est composée d'un prologue, de l'arrivée du chœur (*parodos*), de deux à cinq épisodes (entrecoupés par les chants du chœur), et de la sortie du chœur (*exodos*).
- Le chœur ne participe pas à l'action, mais peut dialoguer avec les personnages.
- Aristote, au IVe siècle av. J.-C., rassemble dans sa *Poétique* les principes de la tragédie et énonce sa visée : la catharsis. C'est une purgation des passions rendue possible par les sen-

timents de terreur et de pitié que le spectateur doit ressentir à la vue des malheurs dans lesquels sombrent les personnages.

• Quant à la comédie, Aristote la définit ainsi : « La comédie est […] une imitation d'hommes sans grande vertu, non qu'elle traite de vice dans sa totalité, puisque le comique n'est qu'une partie du laid. Le comique tient en effet à un défaut et à une laideur qui n'entraînent ni douleur ni dommage » (*Poétique*).

2 Dramaturges grecs et latins

A La tragédie grecque

• En général, les sujets sont pris dans les grandes épopées qui fondent la culture grecque, exception faite d'une pièce d'Eschyle, *les Perses*, qui traite d'un épisode historique.

• Trois grands auteurs nous sont connus :

– Eschyle (vers 525-vers 456 av. J.-C.) : *Les Perses* ; la trilogie de *l'Orestie : Agamemnon, Les Choéphores, Les Euménides.*

– Sophocle (vers 497-405 av. J.-C.) : *Antigone, Ajax, Les Trachiniennes, Œdipe roi, Philoctère, Électre, Œdipe à Colonne.*

– Euripide (484-406 av. J.-C.) : *Médée, Hippolyte, Électre, Les Troyennes.*

B La comédie grecque

Aristophane écrit des comédies polémiques (*L'Assemblée des femmes*) et fantaisistes (*Les Grenouilles*). Ménandre écrit des comédies d'intrigue fondées sur des quiproquos et des reconnaissances soudaines.

C La tragédie latine

Sénèque (4 av. J.-C.-65 apr. J.-C.) réintroduit la tragédie grecque avec des pièces comme *Agamemnon*, *Hercule furieux*, *Les Phéniciennes*, *Les Troyennes*, *Médée*, *Œdipe*, *Phèdre*.

D La comédie latine

• Plaute (vers 254-184 av. J.-C.), s'attache à ridiculiser un caractère : le mari trompé (*Amphytrion*), l'avare (*L'Aululaire*).

• Térence (vers 190-159 av. J.-C.) écrit des comédies de mœurs plus moralisatrices : *Les Adelphes*, *L'Eunuque*.

▶ Nous sommes doublement tributaires du théâtre de l'Antiquité. Les principes énoncés dans la *Poétique* d'Aristote ont modelé le théâtre du XVIIe siècle. Leurs sujets inspirent jusqu'aux dramaturges d'aujourd'hui.

LES FORMES THÉÂTRALES AUX XVIIe ET XVIIIe SIÈCLES

Le XVIIe siècle est le grand siècle du théâtre. Au XVIIIe siècle, la tragédie s'épuise au profit d'autres formes.

1 Le théâtre au XVIIe siècle

A La tragédie classique

• Son action se déroule dans l'Antiquité ou à l'époque biblique. Les personnages, de haut rang, sont pris entre des passions contraires. Les pièces, composées de cinq actes, sont écrites en vers.

• Corneille et Racine en sont les deux grands représentants. Pour Corneille, la tragédie doit traiter d'« une action illustre, extraordinaire... » et montrer « quelque passion plus noble et plus mâle que l'amour ». Racine met en scène des personnages « ni tout à fait coupable[s], ni tout à fait innocent[s] », en proie à des passions qui les déchirent.

• La règle des trois unités (pas plus de 24h, un seul lieu, une seule action) s'impose. Son respect est le critère de réussite d'une tragédie. La règle de bienséance interdit de représenter sur scène toute action violente. La vraisemblance est essentielle : rien ne doit détourner l'attention du spectateur pour que la catharsis puisse s'effectuer. (→ fiche 19)

• La tragédie s'intéresse à la déclamation des acteurs plus qu'aux jeux de scène ou aux décors.

racine = jansénisme = prédesti
corneille = jésuite =

B La tragi-comédie

Elle présente un dénouement heureux. Il peut y avoir des accessoires. L'exemple le plus connu est *Le Cid* de Corneille.

C La comédie

• Son action se déroule à une époque et dans des lieux proches du spectateur. Les personnages appartiennent à la bourgeoisie ou à la petite noblesse. La relation maître-valet est souvent centrale. La comédie peut être en prose ou en vers, en cinq ou en trois actes, voire un seul acte. Molière en est le grand représentant. Pour lui, « l'emploi de la comédie est de corriger les vices des hommes » (Préface du *Tartuffe*, 1664).

• Si la farce est uniquement comique, les « grandes comédies » de Molière mêlent aussi comique et tragique. Ainsi

Dom Juan, pièce complexe au carrefour du baroque et du classicisme, comporte des scènes de farce, de comédie, mais aussi de tragédie.

• La comédie est visuelle : le comique de gestes, les déguisements, les quiproquos en sont la marque. Les changements de lieux sont permis et impliquent des changements de décors. La diction est souvent naturelle.

D La comédie-ballet et la comédie-machine

Ce sont des spectacles à part entière : le vraisemblable n'est plus la norme ; au contraire, musique, danse, effets scéniques l'emportent.

2 Le théâtre au XVIIIe siècle

A Le drame bourgeois

• Plus près de la réalité, il donne à voir des scènes proches du quotidien de la moyenne et grande bourgeoisie : sa visée est l'édification, le registre est pathétique, voire didactique.

• Diderot le fonde théoriquement. Dans *Le Paradoxe du comédien* (1773-1777), il définit le jeu du comédien en insistant sur l'importance du corps, des pantomimes et d'un langage naturel.

B La comédie

Des dramaturges comme Beaumarchais (1732-1799) et Marivaux (1688-1763) renouvellent la comédie du XVIIe siècle. Leur propos n'est plus la critique des mœurs et des caractères ; il s'agit de montrer les changements de valeur et les interrogations d'une société en pleine transformation.

C La commedia dell'arte

Née en Italie au XVIe siècle, elle remporte un vif succès au XVIIe et au XVIIIe siècle et influence le théâtre de Marivaux par exemple. Le jeu de scène l'emporte sur le texte réduit à un canevas, support de l'improvisation des acteurs.

▶ Le XVIIe siècle installe pour longtemps les règles de la dramaturgie, mais la fonction de metteur en scène n'existe pas encore, on parle plutôt de « régisseur ». Le XVIIIe siècle théorise le débat sur le jeu des acteurs et amorce une réflexion sur la relation entre texte et représentation.

LES FORMES THÉÂTRALES DU XIXe SIÈCLE À NOS JOURS

Au renouveau des formes théâtrales s'adjoint une nouvelle conception de la mise en scène.

1 Le théâtre au XIXe siècle

A Le drame romantique

- Le drame romantique refuse la règle des trois unités ; seule est conservée l'unité d'action. Les lieux sont nombreux. L'allongement du temps de la fiction permet au personnage d'évoluer au cours de l'action.
- L'action se déroule sur un fond historique ; les didascalies sont très précises et détaillées, les décors sont riches dans le souci de la « couleur locale ».
- Le principe esthétique est le mélange et le multiple. Le comique succède au tragique et au dramatique dans une même pièce. Le grotesque est le mélange du style haut et du style bas. On développe le goût des antithèses.

B Le théâtre naturaliste

- Moins connu mais important parce qu'il apporte un autre type de réflexion sur le théâtre, il se situe dans la lignée du mouvement naturaliste de la fin du XIXe siècle. (→ fiche 7)
- Le metteur en scène Antoine cherche à montrer la vie telle qu'elle est : la diction est naturelle, les éléments du réel s'invitent sur la scène. Ainsi, Antoine fait scandale parce que dans une de ses pièces, *Les Bouchers* (1888), au lieu de figurer les carcasses animales par des imitations en carton pâte, il en accroche de vraies sur scène.

C Le vaudeville

- À l'origine chanson satirique, puis petite comédie entrecoupée de chansons, le vaudeville s'épanouit au XIXe siècle. C'est une comédie légère pleine de rebondissements.
- L'action repose sur le quiproquo et le comique de situation. Feydeau (1862-1921) et Labiche (1815-1888) en sont les représentants.

2 Le théâtre au XXe siècle

A Le théâtre de l'absurde

• Il met en scène l'absurdité de la condition humaine, l'absence ou l'impossibilité de la communication. L'action semble insignifiante, les personnages sont peu nombreux, les décors presque inexistants ou à valeur symbolique.
• Il est théâtre de dérision : il révèle nos incohérences et nos contradictions ; il associe comique et tragique et donne à voir un monde privé de sens.
• Les principaux représentants en sont Ionesco (*La Cantatrice chauve*) et Beckett (*En attendant Godot*).

B Un théâtre expérimental

• Le théâtre de la seconde moitié du XXe siècle multiplie les expériences : les acteurs sont dans la salle, les spectateurs sont sur la scène ; on exhibe le faux, on montre les rouages des machineries, on joue sur l'envers du décor…
• Les réflexions d'Artaud, *Le Théâtre et son Double* (1938), influencent durablement le théâtre, qui se veut avec le Living Theater, par exemple, travail sur le geste, le visuel, le sacré ; la parole (donc le texte) n'est plus privilégiée mais devient un mode d'expression comme un autre.

C Le renouveau de la tragédie

D'un autre côté, des auteurs comme Giraudoux (1882-1944) et Anouilh (1910-1987) revisitent les grandes tragédies antiques, montrant ainsi qu'à travers les temps ce sont toujours les mêmes questions que se posent les hommes.

D Le théâtre contemporain

• Le théâtre contemporain continue à s'interroger sur le langage, à remettre en question les codes du théâtre (Vinaver, Koltès, Novarino, Dario Fo par exemple). Mais il revisite aussi les pièces du répertoire classique.
• Des vidéos, des images peuvent être projetées sur scène, faisant intervenir ainsi différents niveaux de fiction.

Ce n'est qu'à la fin du XIXe siècle, avec Antoine, que l'on commence à parler de « metteur en scène ». Cette nouvelle fonction prend tout son sens au XXe siècle quand le théâtre se fait lieu d'expérimentation et interroge son rapport au texte.

RÉFLEXIONS SUR LA MISE EN SCÈNE

La représentation est-elle un prolongement naturel du texte ou une re-création ?

1 Trois conceptions de la mise en scène

A Un lecteur

• Le metteur en scène est au service de la matière première qu'est le texte. « Pour aborder un chef-d'œuvre, pour répondre à sa sollicitation, pour l'entendre, il n'est qu'une attitude : la soumission » écrit Jouvet (*Témoignages sur le théâtre*).

• Des metteurs en scène du XXe siècle comme Copeau, Pitoëff, Dullin, Jouvet, Barrault, Vilar cherchent avant tout à valoriser le texte. Ils prônent le respect total du texte : leur travail consiste alors à révéler au mieux sa vérité.

B Un interprète

• Le metteur en scène peut aussi vouloir donner à entendre sa propre interprétation du texte. *Dom Juan* de Molière est une pièce complexe dont l'interprétation n'est pas univoque : le héros n'est-il qu'un personnage cynique qui se joue des femmes ? Faut-il voir en lui un libertin humaniste ? Qui gagne : lui ou les valeurs de la société ? Le texte ne donne pas de réponse.

• Dans ce cas, chaque metteur en scène propose sa propre interprétation, tout en restant fidèle au texte ; au spectateur de jouer avec ces différentes propositions et de les comparer.

C Un créateur

• Le texte n'est plus qu'une matière comme une autre, il est désacralisé et le metteur en scène se donne les droits de le remanier, transformer, couper… pour en faire un élément de sa propre création, de la même manière qu'il dirige la lumière, les décors et les acteurs. L'auteur du texte est évacué et on ne cherche plus à retrouver ses intentions. Craig (1872-1966) adopte cette position radicale, il revient au terme de « régisseur » mais ici au sens où c'est lui qui doit tout diriger, tout régir.

• Dans les années 1960, le théâtre prend à son compte les déclarations d'Artaud : « Pour moi nul n'a droit de se dire auteur, c'est-à-dire créateur, que celui à qui revient le maniement direct de la scène. » Le metteur en scène relègue le texte dans les accessoires du passé et s'engage dans un théâtre du corps, du geste.

2 Renouveler le sens d'un texte

A La redécouverte

On a longtemps réduit Marivaux au marivaudage, « propos d'une galanterie délicate et recherchée » (*Petit Robert*). Or, c'est maintenant un lieu commun des mises en scènes que de laisser de côté cette étiquette pour montrer que, derrière ce jeu subtil des sentiments et de la langue policée du XVIIIe siècle, se cache une analyse pointue de la cruauté des rapports humains et des relations sociales.

B La transposition

Ariane Mnouchkine, sans changer un mot du texte, transpose *Tartuffe* dans un contexte nord-africain, dénonçant alors tous les intégrismes et les faux dévots quelle que soit leur religion (représentation à la Cartoucherie en 1995).

C La réécriture

Électre de Giraudoux (1937) et *Antigone* d'Anouilh (1944) sont des reprises, des réécritures des grandes tragédies grecques. L'histoire est connue du lecteur-spectateur, il n'y a pas d'effet de nouveauté quant à la trame narrative ; l'intérêt est donc ailleurs. Le mythe est actualisé et revitalisé par sa confrontation avec une autre époque et un autre mode de pensée : qu'est-ce alors que le tragique pour le monde occidental de la première moitié du XXe siècle ?

Le travail du metteur en scène est avant tout de sortir les virtualités du texte et de les exposer au public. En fonction d'une époque, d'une actualité différente, une pièce peut recevoir un autre accueil, être vue sous un autre angle. Quand vous étudiez une pièce, mettez-vous en situation : quelle mise en scène feriez-vous ? Vous verrez alors que vous êtes face à des choix qui ont des conséquences sur le sens et la réception de la pièce.

3

POUR ANALYSER LE TEXTE THÉÂTRAL : LES PRINCIPAUX OUTILS

Du texte à la scène : quels sont les éléments constitutifs du texte théâtral ?

1 Le texte théâtral

A Le dialogue

• On appelle répliques les prises de paroles des personnages. Leur longueur est variable.

• Dans le monologue, un personnage seul sur scène prend la parole. Le destinataire est le public. Le monologue peut avoir trois fonctions :

– une fonction délibératrice : analyse d'une situation, exposition d'une difficulté devant une prise de décision ;

– une fonction épique : récit d'événements que le spectateur ne peut voir sur scène ;

– une fonction lyrique : expression des sentiments.

Les fonctions délibératrice et lyrique peuvent se rejoindre dans l'expression du dilemme.

• L'aparté est une réplique qu'un personnage prononce à l'insu des autres personnages. En général, l'aparté est court et sert le comique.

• La tirade est une longue réplique. Elle peut servir le récit ou s'inscrire dans une argumentation : reproches, déclaration, justifications, etc. s'y déploient.

• La stichomythie désigne une succession de répliques rapides et vives, en principe d'un vers. On étend le terme à tout échange de répliques brèves.

B La structure d'une pièce

• Une pièce de théâtre est généralement composée de cinq actes, mais leur nombre est variable selon le genre ou l'époque.

• L'exposition est ce par quoi la pièce débute, elle doit en principe donner les informations nécessaires à la compréhension du spectateur : quand ? où ? qui ? quoi ? L'obstacle est ce par quoi l'action arrive. Le nœud correspond au moment où l'intrigue semble inextricablement emmêlée. Le dénouement correspond à la fin de la pièce. Tous les conflits doivent avoir trouvé une solution. On parle de *deus ex ma-*

china quand le dénouement ne semble pas naturel mais est provoqué par une intervention extérieure.

2 La scène

A Un texte incarné

• Le passage du texte à la scène crée un monde tangible. Ce passage n'est pas anodin : le choix d'une couleur, d'une lumière construit le sens et a une valeur symbolique.

• Les vêtements informent sur le statut social, mais aussi le caractère de celui qui les porte. Que Phèdre porte une robe rouge passion, ou qu'elle soit voilée de noir en dit long sur l'interprétation que le metteur en scène fait de la pièce.

• Que l'acteur incarnant Tartuffe soit « gros et gras, le teint frais et la bouche vermeille » comme le présente Dorine, ou un acteur au physique ascétique change le sens du personnage, voire de la pièce.

B Des choix de mise en scène

• Le décor (et les costumes) peut être en concordance avec le temps et le lieu de l'intrigue On peut aussi jouer les décalages : choisir des costumes d'aujourd'hui pour une pièce du XVIIe siècle permet de l'actualiser. (→ fiche 22)

• Pour une même pièce, les décors peuvent être chargés ou sobres. Soit on cherche à mimer le réel, à installer la pièce dans un univers réaliste pour faire marcher l'illusion ; soit on vide la scène d'accessoires jugés inutiles : le théâtre du XXe siècle aime les décors épurés suggérant le sens.

C L'espace théâtral

• Il y a trois types d'espace : l'espace référentiel, lieu de l'action ; l'espace scénique, la scène proprement dite où jouent les acteurs ; le « hors-scène », lieu d'origine ou de destination des personnages.

• L'occupation de l'espace scénique par les personnages peut renforcer le schéma actantiel (→ fiche 10) et expliciter leur fonction : ils peuvent être au centre de la scène, par groupes d'opposants, au second plan du plateau…

Pour bien analyser un texte théâtral, il faut étudier le dialogue. Mais il faut aussi être attentif à la mise en scène que suggère le texte.

BILAN EXPRESS
TEXTE THÉÂTRAL ET REPRÉSENTATION

Un genre très particulier

> Le mode d'expression au théâtre ne consiste pas en mots, mais en personnes qui se meuvent sur scène en employant des mots.
>
> (ERZA POUND, 1934)

Erza Pound met l'accent sur le caractère double du théâtre, à la fois texte écrit, les mots, mais aussi mots vivants, incarnés par les acteurs et déployés sur l'espace de la scène.

> Quoi qui s'offre à vos yeux n'en ayez point d'effroi.
> De ma grotte surtout ne sortez qu'après moi,
> Sinon, vous êtes mort. Voyez déjà paraître
> Sous deux fantômes vains, votre fils et son Maître. […]
> Faites-lui du silence et l'écoutez parler.
>
> (CORNEILLE, *L'Illusion comique*, 1635)

Pridamant à la recherche de son fils s'adresse à un magicien, Alcandre. Celui-ci lui fait voir comme par magie les péripéties de la vie du fils. On apprend à la fin que cette magie est le théâtre, puisque son fils est un acteur qui vient de jouer un rôle. On parle de théâtre dans le théâtre ou de mise en abyme ; ce procédé permet de montrer les rouages de l'illusion théâtrale.

Le texte ou la scène ?

> Le dialogue, chose écrite ou parlée, n'appartient pas spécifiquement à la scène, il appartient au livre. […] Je dis que la scène est un lieu physique et concret qui demande qu'on le remplisse, et qu'on lui fasse parler son langage concret.
>
> (ANTONIN ARTAUD, *Le Théâtre et son Double*, 1938)

Cette réflexion d'Artaud nous permet de réfléchir à la relation complexe qu'entretiennent le texte et la scène. Il oppose le dialogue au langage propre de la scène. Ce faisant, il refuse tout le théâtre construit autour du dialogue. Mais n'oubliez pas que, pour Aristote, c'est le dialogue qui est action, puisque tout passe par lui.

Le travail de la scène

> Figurez-vous donc premièrement que la scène est dans l'antichambre du Roi car c'est un lieu où il se passe tous les jours des choses assez plaisantes. Il est aisé de faire venir là toutes les personnes qu'on veut, et on peut trouver des raisons même pour y autoriser la venue des femmes que j'introduis. La comédie s'ouvre par deux marquis qui se rencontrent. Souvenez-vous bien, vous, de venir comme je vous ai dit, là avec cet air qu'on nomme le bel air, peignant votre perruque, et grondant une petite chanson entre vos dents. La, la, la, la, la, la. Rangez-vous donc vous autres, car il faut du terrain à deux marquis, et ils ne sont pas gens à tenir leur personne dans un petit espace, allons, parlez.

(MOLIÈRE, *L'Impromptu de Versailles*, 1663)

▶ Le choix du lieu permet la vraisemblance des entrées et sorties des personnages. L'exposition est organisée autour de la rencontre de deux personnages. Leur maintien et l'organisation de l'espace scénique doivent être en cohérence avec leur statut et leur caractère. Molière, dans cette pièce, nous donne une leçon de dramaturgie et de direction d'acteur.

L'histoire de la mise en scène

> Dans quel palais superbe et plein de ma grandeur
> Puis-je jamais paraître dans toute ma splendeur ?

(JEAN RACINE, *Iphigénie* III,1, 1674)

> Intérieur sans meubles. Lumière grisâtre. Aux murs de droite et de gauche, vers le fond, deux petites fenêtres haut perchées, rideaux fermés.

(SAMUEL BECKETT, *Fin de partie*, didascalie initiale, 1956)

▶ Vous voyez ici deux conceptions totalement différentes du décor. Clytemnestre suggère les fastes d'un palais. La didascalie de Beckett insiste sur le sordide et l'étouffement. Entre les deux, presque quatre cents ans se sont écoulés, pendant lesquels le théâtre pense son rapport au décor en fonction bien sûr du texte et du sens que l'auteur lui confère.

« Le texte, au théâtre, c'est encore ce qu'il y a de moins important. Ils n'entendent qu'une phrase sur deux. » Anouilh

ÉCRITURE POÉTIQUE ET QUÊTE DU SENS DU MOYEN ÂGE À NOS JOURS

Quels sont les enjeux de cet objet d'étude ?

1 Que dit le programme ?

« L'objectif est d'approfondir [...] la relation qui lie, en poésie, le travail de l'écriture à une manière singulière d'interroger le monde et de construire le sens, dans un usage de la langue **réinventé**. On fait ainsi appréhender un trait essentiel de la littérature comme « **art du langage** », faisant appel à l'**imagination** et à la **matérialité sensible** de la langue. Sans négliger l'émotion qui peut s'exprimer et se communiquer à travers les textes poétiques, on s'attache également à contextualiser la lecture de la poésie, en donnant aux élèves des éléments de son **histoire**, dans ses continuités, ses évolutions et ses ruptures, et en leur faisant approcher les mouvements esthétiques et culturels avec lesquels elle entre en résonance. » Extraits du B.O.

2 Quels grands axes se dégagent ?

A L'alliance de la forme et du sens

- Définir la poésie n'est pas chose facile. On se contente souvent de définitions trop vagues : ce serait le domaine de l'imagination, le sentiment, les fleurs… pour finir par dire, ah la poésie, on ne peut pas la définir, c'est personnel !
- Pour éviter d'énoncer des banalités, il faut établir, en préalable à toute définition, que la poésie est un **travail sur les mots, sur le langage**. Est poète celui qui réinvente la langue (→ fiche 26).
- Il est toujours nécessaire de lier analyse du sens et analyse de la forme (→ fiche 49). Mais en poésie plus qu'ailleurs ce type d'analyse est impérative. Il faudra donc bien connaître les principes de la **versification** (→ fiche 30) et savoir en reconnaître l'intérêt dans les poèmes que vous aurez à étudier.

B La quête du sens

- Bien sûr, la poésie ne réside pas seulement dans le respect des règles de la versification, sinon comment expliquer le poème en prose ? Alors à quoi est-elle due ?

• En inventant une langue, la poésie invente un monde. Elle nous le donne à voir autrement. Elle nous le révèle et nous invite à le déchiffrer (→ fiche 26). Elle est création à part entière (→ fiche 31).

• Le poète est souvent pensé comme un être à part, qui a accès à une autre vérité que celle donnée par la linéarité de la prose ou de notre langue de tous les jours. Vrai ou non, vous avez à vous interroger sur la fonction du poète, et sur ses différentes manières d'être au monde (→ fiche 27).

C La poésie et son époque

• Comme tout art, ou comme toute expression, la poésie appartient à une époque. On peut alors s'intéresser à l'histoire de la poésie. Comment la poésie évolue-t-elle dans ses formes et dans le traitement de ses thèmes du Moyen Âge à nos jours ? Qu'invente-t-elle de nouveau, mais aussi que reprend-elle du passé et comment le retravaille-t-elle ? (→ fiches 28 et 29)

• Certains courants d'idées et mouvements littéraires privilégient la poésie comme moyen d'expression. Il faut donc bien connaître ces mouvements (→ fiche 7). La Renaissance et l'humanisme, le romantisme, le baroque, le surréalisme, par exemple, sont des mouvements qui touchent particulièrement la poésie.

• Il est toujours intéressant de comparer les différentes formes d'art d'une même époque. Comment s'exprime par exemple le baroque en poésie, en architecture ou en sculpture ? (→ fiche 31)

Lire de la poésie pour le plaisir n'empêche pas de l'explorer et de l'analyser. La poésie peut être conçue comme une forme condensée dont l'analyse permettra de déployer le sens.

ÉCRITURE POÉTIQUE ET TRAVAIL SUR LA LANGUE

Quel est le matériau premier de la poésie ?

1 Spécificité du travail poétique sur le langage

A L'usage courant de la langue

- Un mot a une face matérielle, le signifiant (ensemble de sons et de lettres), et une face immatérielle qui est dotée d'un sens : le signifié.
- Signifié et signifiant sont indissociables l'un de l'autre et renvoient à un objet du monde (le référent), qu'il soit concret (la table) ou abstrait (le bien).
- Une table est un objet concret, que je peux toucher ; que je le nomme « table » ou « tavola » ne change pas son existence. On dit que le signe est arbitraire ou immotivé dans la mesure où il n'y a pas de lien direct entre le signe et l'objet qu'il désigne.

B L'usage poétique de la langue

- Mallarmé (→ fiche 29) regrette que les mots de la langue soient si mal assortis à ce qu'ils désignent (leur référent). Il considère, par exemple, que les sonorités des mots « jour » et « nuit » ne correspondent pas à la réalité qu'ils désignent : alors que le mot « nuit » a un timbre clair, le mot « jour » a un timbre sombre.
- Selon lui, c'est à la poésie de « rémunérer le défaut des langues », c'est-à-dire de chercher à ce que les mots arrivent à être plus près des choses, à devenir les choses mêmes. Dans l'usage poétique de la langue, le poète cherche à faire correspondre forme et sens, à remotiver les mots.

C Un exemple

> Le poète, vois-tu, est comme un ver de terre
> il laboure les mots, qui sont comme un grand champ
> où les hommes récoltent les denrées langagières ;
> mais la terre s'épuise à l'effort incessant !
> sans le poète lombric et l'air qu'il lui apporte
> le monde étoufferait sous les paroles mortes.

(JACQUES ROUBAUD, *Les Animaux de tout le monde*, 1983)

• L'homonymie « vers » et « ver » n'est pas, dans la langue courante, fondée sur une ressemblance de sens. Pourtant, l'image du poète en ver de terre nous frappe tout à coup. On remarque que les deux [vɛr] sont linéaires, ils se coupent et renaissent, ils sont formés d'éléments articulés.

• Roubaud nous donne une leçon de poésie en mettant en pratique sa conception : la poésie renouvelle les images, renouvelle la langue, elle lui donne du sens.

2 L'apport des contraintes

On pourrait penser que les nombreuses contraintes de la versification (→ fiche 30) brident l'imagination, empêchent le sens de se développer. Or, comme l'écrit Baudelaire à propos du sonnet, « parce que la forme est contraignante, l'idée jaillit plus intense ». On peut, à partir de là, donner quelques caractéristiques essentielles de la poésie et leur effet sur le sens.

• **L'intensité**. Les formes sont souvent brèves, l'idée doit se mouler dans le mètre du vers, cela oblige à chercher l'intensité plutôt que la longueur.

• **La suggestion**. La poésie n'est pas explicative, elle montre, elle suggère. Pour cela, elle se sert d'images. Toutes les figures de l'analogie sont privilégiées : comparaison, métaphore, allégorie, personnification.

• **La condensation**. Le sens est condensé, le poète utilise la métonymie capable de remplacer une explication en rapprochant par exemple cause et conséquence.

• **Les rapprochements**. Les mots mis à la rime ont du poids. Ils sont mis en relation, et ce rapprochement peut créer du sens. Ainsi, il n'est pas anodin de mettre à la rime *tyrannique* et *république* (La Fontaine).

• **Les mises en relief**. L'alexandrin et sa césure à l'hémistiche peuvent renforcer le poids d'une antithèse : « Ton bras est invaincu mais non pas invincible. » (Corneille)

• **La création d'un monde**. « Manier savamment une langue c'est pratiquer une espèce de *sorcellerie évocatoire*. » Comme l'écrit Baudelaire, le travail sur la langue permet de créer un monde. C'est ce que fait la poésie.

La langue est la matière première du poète. C'est à partir d'elle qu'il peut créer de nouvelles images, créer un monde.

ÉCRITURE POÉTIQUE ET QUÊTE DU SENS

Dire l'amour, dire la souffrance, combattre, crier, observer… Que dit la poésie ?

1 Le poète et le sacré

A Le lyrisme

• À l'origine du lyrisme (→ fiche 6), on trouve la légende d'Orphée. Poète s'accompagnant de la lyre, il charme les dieux, les hommes, les animaux, la nature même par la beauté de ses chants. Lorsque sa femme Eurydice meurt, les dieux lui font une faveur accordée à nul autre mortel : descendre aux Enfers et en ramener sa femme, à condition de la précéder sans se retourner. Or il se retourne et sa femme repart chez les morts. Revenu chez les hommes, il chante sa douleur.

• Cette légende fait d'Orphée l'emblème du poète. Il est associé au lyrisme heureux (l'hymne à la nature et à l'amour) et au lyrisme élégiaque (la déploration, la douleur du « je » face à la mort, à l'absence).

• Mais surtout, elle fait du poète un homme qui, seul parmi les hommes, a eu accès au sacré, à l'interdit, et qui en a ramené une parole autre.

B La fureur poétique et l'enthousiasme

• Le XVIe siècle reprend une conception ancienne de la poésie. Pour expliquer l'inspiration et l'imagination du poète, on parle de fureur poétique ou d'enthousiasme.

• Le poète, comme le prophète ou la pythie, est habité d'une parole divine. Cette parole divine peut prendre la voie du rêve et de tout ce qui relève du domaine de l'onirique.

C Fonction du poète

C'est sur cet arrière-fond culturel que se comprennent les conceptions du poète de Hugo et de Rimbaud.

• Pour Hugo, le poète est un prophète qui détient la vérité et éclaire la nuit des hommes : « Peuples ! écoutez le poète ! / Écoutez le rêveur sacré ! »

• Pour Rimbaud, c'est par un travail sur lui-même, qui le met dans un état hors du commun, que « Le poète se fait *voyant* par un long, immense et raisonné *dérèglement de tous les sens.* »

2 Le poète et le monde

A Des thèmes universels

- La poésie peut traiter tous les thèmes. On parle de *topos* (au pluriel, *topoï*) au sens large pour désigner des thèmes récurrents dans la littérature.
- Plus précisément, on peut parler de *topos* lorsque l'on reconnaît dans le traitement d'un thème des caractéristiques esthétiques et idéologiques d'une époque. La poésie a ses propres *topoï* : la rencontre amoureuse, le sonnet adressé à une dame, le poète conversant avec la mort, la fuite du temps, par exemple.
- L'amour est un thème universel qui traverse les époques. Au XVIe siècle on reconnaît dans la poésie de Ronsard le *topos* de l'innamoramento. Les poèmes de l'innamoramento présentent les mêmes étapes : le moment de la rencontre, le souvenir de la rencontre ; et les mêmes caractéristiques : l'amour est soudain, imprévisible, foudroyant et le regard est souvent comparé à une flèche.
- Attention, chaque auteur a aussi sa propre esthétique. Il faut donc être attentif à reconnaître le *topos* et à en voir la singularité.

B L'engagement dans le monde

- La poésie sert à l'éloge par exemple dans l'ode (hymne à la gloire de la nature, nature grandiose ou plaisirs simples) ou le blason (qui célèbre une partie du corps féminin).
- Ronsard et d'Aubigné instaurent un dialogue polémique entre deux camps opposés, les catholiques et protestants. La poésie devient violente.
- Le pouvoir d'évocation de la poésie peut être mis au service de la dénonciation d'actes barbares. Par exemple, Hugo dans « Souvenir de la nuit du 4 », ou Éluard dans « La victoire de Guernica ».
- Tout poème dans lequel le poète expose sa conception de la poésie et la met en pratique est appelé un « art poétique » : le poète dit ce qu'il fait et fait ce qu'il dit.

▶ Le poète est à la fois hors du monde et dans le monde. En ce sens on peut dire que toute parole poétique est une parole engagée.

LA POÉSIE DU MOYEN ÂGE AU XVIIIe SIÈCLE

Au cours de cette période, la poésie connaît renouveau et ruptures.

1 Le Moyen Âge (du XIe au XIIIe siècle)

• La poésie est la forme littéraire dominante puisque les premiers romans sont en vers. Les longs poèmes assonancés (→ fiche 30) sont chantés, les rimes ne sont introduites qu'au XIIIe siècle.

• La chanson de geste, chanson épique, raconte les hauts faits guerriers et les amours des chevaliers (*Chanson de Roland*). La chanson courtoise est un poème adressée à une noble dame dont l'amour est inatteignable (poèmes de Thibaut de Champagne). La pastourelle est un poème dans lequel un aristocrate courtise une jeune bergère.

2 Les XIVe et XVe siècles

• La poésie se dégage de la narration et devient plus lyrique et plus personnelle. Les formes fixes comme la ballade et le rondeau (→ fiche 30) sont introduites (Charles d'Orléans, *Ballades* ; François Villon, *La Ballade des pendus*).

• À la fin du siècle, ceux qu'on appelle « les grands rhétoriqueurs » font de la poésie le domaine de la prouesse technique, s'intéressant plus à la forme qu'au sens.

3 Le XVIe siècle

• Les auteurs de la Pléiade renouvellent la poésie française par l'apport de formes imitées de l'Antiquité (odes, hymnes) et de la renaissance italienne (le sonnet). Les poètes retrouvent des formes anciennes comme la satire, l'épigramme et l'épître (Marot, *Petite épître au roi*).

• Les thèmes dominants sont la célébration de la nature, la souffrance amoureuse d'inspiration pétrarquiste ou la glorification d'une femme idéalisée (Scève, du Bellay, Ronsard).

• Le carpe diem, qui est une invitation à profiter des plaisirs de la vie, est un thème cher à Ronsard. Du Bellay exprime sa nostalgie dans *Les Regrets* et *Les Antiquités de Rome*.

• La poésie s'inscrit aussi dans le temps des guerres de religion : quelques poètes (Ronsard, Agrippa d'Aubigné) s'engagent et manient leur poésie comme une arme.

4 Le XVIIe siècle

Le siècle est partagé entre baroque et classicisme (→ fiche 7).

A Le baroque

- Pour dire l'illusion, l'instabilité du monde, les poètes (par exemple Chassignet) aiment les antithèses, les oxymores, les répétitions, les métaphores. Ils privilégient les sonnets et les odes.
- Le versant burlesque du baroque est illustré par Théophile de Viau, Tristan l'Hermite et Saint-Amant. Ils pratiquent une poésie irrévérencieuse qui traite d'objets du quotidien ou qui se moque des figures de la mythologie.

B Le classicisme

- Le classicisme rompt ouvertement avec le siècle précédent. Boileau, dans le long poème qu'est son *Art poétique*, prend position pour Villon, pour Marot, et contre Ronsard à qui il reproche d'avoir brouillé toutes les règles et d'être tombé dans une pédanterie « grotesque ».
- Boileau fixe les règles (régularité du mètre), place les césures et les coupes.

> Ayez pour la cadence une oreille sévère
> Que toujours dans vos vers le sens, coupant les mots
> Suspende l'hémistiche, en marque le repos.

Les sujets doivent être nobles. C'est dans la tragédie que, finalement, le vers classique se développe.

- La poésie précieuse du XVIIe siècle (Voiture, *Sonnet d'Uranie*) est elle aussi critiquée, parce qu'elle s'éloigne du « droit sens », elle ne serait que « faux brillant », jeux mondains dénués de sens.
- La Fontaine renouvelle les fables en vers et pratique une poésie légère (*Adonis*).

5 Le XVIIIe siècle

Le siècle des Lumières, siècle de la raison, délaisse un peu la poésie. On peut néanmoins citer André Chénier (*La Jeune Tarentine* et *La Jeune Captive*) considéré par les romantiques comme un de leurs précurseurs.

La place de la poésie et son évolution vont de pair avec l'évolution de la vie sociale. Elle dépend aussi de la manière dont est pensée la langue française.

LA POÉSIE AUX XIXe ET XXe SIÈCLES

Le début du xxe siècle explore et approfondit les pistes fournies par le xixe siècle.

1 Le xixe siècle

A Le renouveau romantique

• Hugo, chef de file du romantisme, veut la libération du vers : il s'agit de casser la monotone cadence de l'alexandrin par l'utilisation du trimètre romantique et des enjambements. Il cherche une poésie moins engoncée dans la rhétorique.

• La poésie mêle lyrisme personnel et engagement dans le temps de l'histoire. Mais après l'échec des révolutions de 1830 et de 1848, certains poètes se tournent vers une écriture repliée sur le « je » et ses souffrances. Ainsi Musset écrit : « Faire une perle d'une larme, / Du poète ici-bas voilà la passion. »

• Les poètes reprennent le sonnet, mais aussi des formes longues comme l'ode et la ballade. Aloysius Bertrand innove avec le poème en prose. Nerval écrit une prose poétique.

B Le Parnasse

Lassés du lyrisme romantique qu'ils jugent débordant, ainsi que du réalisme et du naturalisme, certains poètes (Gautier, Leconte de Lisle, Hérédia, Banville, Villiers de l'Isle-Adam) revendiquent une poésie qui cherche le Beau et non l'utile. Ils prônent une poésie impersonnelle. La beauté de la forme l'emporte sur le sens. C'est l'Art pour l'Art.

C Le symbolisme

• D'accord avec le Parnasse pour se positionner contre le naturalisme qui prétend expliquer mécaniquement l'homme, le symbolisme s'en démarque néanmoins.

• Le sens est restauré mais il n'est pas donné d'emblée, il est suggéré par des images, le symbole, mystère à déchiffrer dont le poète peut donner les clés ; c'est ce que fait Baudelaire dans les « Correspondances ». D'autres, comme Mallarmé, s'engagent dans une poésie plus hermétique.

• La recherche des harmonies musicales (Verlaine) et d'un langage inédit derrière lequel le « je » s'efface pour laisser parler le monde (Rimbaud) en est aussi une caractéristique.

2 Le XXe siècle

On distingue au moins deux grandes périodes et de nombreuses expériences.

A Le renouveau poétique

- Ce renouveau est représenté par Apollinaire et Cendrars. Les poètes gardent les grands thèmes de la poésie lyrique, mais introduisent des éléments de la modernité : la ville, la « rue industrielle », le quotidien prosaïque.
- Ils recherchent une écriture nouvelle, suppriment toute ponctuation, utilisent le vers libre, travaillent les calligrammes.
- Ils sont fortement influencés par la peinture qui connaît elle aussi de grandes évolutions avec les débuts du cubisme.
- C'est la surprise qui, pour Apollinaire, est le « ressort de la poésie nouvelle ».

B Les poètes surréalistes

- La poésie est le genre littéraire privilégié du surréalisme (→ fiche 7). Mais elle ne se cantonne pas aux normes du genre ; elle doit être la vie même : « liberté, amour, poésie » ces trois termes définissent l'idéal surréaliste. Toute écriture doit relever de l'acte poétique conçu comme un acte révolutionnaire.
- Les procédés du rêve (association d'idées, images, contradictions, saugrenu…) sont pris comme modèle de l'écriture. L'amour et l'éloge de la femme sont des thèmes importants pour des écrivains (Éluard, Aragon) qui écrivent une poésie engagée.

C Une grande diversité

- Valéry et Claudel redonnent un souffle lyrique au monde dans de grandes odes ou de longs poèmes.
- L'OuLiPo (Ouvroir de Littérature Potentielle) retrouve la joie de la forme et des contraintes.
- Les descriptions attentives des objets du quotidien, de l'anodin sont en même temps une réflexion sur la poésie et le langage (Ponge, Jaccottet, Bonnefoy).

▶ Le XIXe siècle est très important pour la poésie : les mouvements réagissent les uns aux autres, et en fait se complètent. Il est le ferment de la poésie du XXe siècle qui ne réagit plus forcément contre ses prédécesseurs.

POUR ANALYSER UN POÈME : ÉLÉMENTS DE VERSIFICATION

La matière première du poète est la langue et ses contraintes.

1 Les jeux sur les sonorités

• L'allitération est une répétition de sons consonantiques : « Pour qui sont ces serpents qui sifflent sur ma tête » (Racine). L'assonance est une répétition de sons vocaliques : « Les mains des amantes d'antan jonchent ton sol » (Apollinaire).

• Les rimes sont plates ou suivies (aabb), embrassées (abba), ou croisées (abab).

• La rime est dite pauvre si un seul phonème est répété, suffisante pour deux phonèmes, et riche à partir de trois.

2 La strophe et le vers

• On nomme la strophe par le nombre de vers qui la compose ; soit de 1 à 10 : monostiche, distique, tercet, quatrain, quintil, sizain, septain, huitain, neuvain, dizain.

• Le vers est reconnaissable graphiquement (retour à la ligne) et auditivement par le retour de la rime qui délimite un mètre défini par le nombre de syllabes du vers. Les plus courants sont l'octosyllabe, le décasyllabe et l'alexandrin.

• Le [ə] n'est prononcé ni en fin de vers ni devant une voyelle. Il est prononcé (et compté) quand il précède un mot commençant par une consonne ou par un h aspiré ainsi qu'à l'intérieur d'un mot [muvəmɑ̃].

• En fonction du mètre les sons [j], [je], [jœ], [jɛ]… se prononcent en une seule syllabe (synérèse -ion-, -ier-…) ou en deux syllabes (diérèse -i-on-, -i-er- …).

• La césure est la coupe principale du vers. Elle n'est ni fixe ni obligatoire dans les octosyllabes. En revanche, elle est obligatoire pour les décasyllabes (4//6 ou 6//4) et pour les alexandrins (6//6, dite césure à l'hémistiche).

• Les coupes sont des rythmes secondaires, par exemple dans ces vers d'Éluard : « Dieux d'argent /qui tenaient //des saphirs /dans leurs mains » 3/3//3/3 : tétramètre régulier.

• Le trimètre romantique refuse la césure à l'hémistiche : « Je suis banni ! /je suis proscrit ! /je suis funeste ! » (Hugo)

- Il arrive que la syntaxe ne s'assujettisse pas au moule du vers créant un effet de discordance. On distingue trois cas, par exemple dans « L'horloge » de Baudelaire :
– **enjambement** : la phrase déborde de manière à peu près équilibrée sur deux vers ;

> Les vibrantes douleurs dans ton cœur plein d'effroi
> Se planteront bientôt comme dans une cible.

– **rejet** : partie d'un groupe syntaxique rejeté dans le vers suivant ;

> Trois mille six cent fois par heure, la Seconde
> Chuchote : souviens-toi ! [...]

– **contre-rejet** : la partie brève est en fin de vers et la suite du groupe syntaxique est dans le vers suivant.

> Les minutes, mortel folâtre, sont des gangues
> Qu'il ne faut pas lâcher sans en extraire l'or !

3 Les formes fixes

- La **ballade** est composée de trois strophes et un envoi (une demi-strophe).
- L'**ode** est un poème lyrique à son origine chanté et alternant trois strophes correspondant à un mouvement de danse.
- Le **rondeau** comporte un quintil, un tercet, un quintil. Un refrain au début, au milieu et en fin de poème.
- Le **sonnet** comprend deux quatrains et deux tercets correspondant au schéma abba abba ccd ede (ou eed, ou ccd).

4 Les formes dites libres

- Le **poème en prose** joue sur les sonorités, les rythmes et les images sans s'astreindre aux contraintes du vers.
- Le **calligramme** est un poème dont la disposition des lettres tente de représenter sur l'espace de la page l'objet qui en est le thème.
- Le **verset** désigne un vers très long qui prend la forme de brefs paragraphes.
- Le **vers libre** est un vers libéré de la régularité du mètre, des césures et des coupes. Il remplace souvent les rimes par des assonances.

▶ **La poésie ne se réduit pas à la versification, mais ces connaissances sont utiles pour analyser un poème.**

LA POÉSIE ET L'HISTOIRE DES ARTS

Quelles relations entretiennent la poésie et l'art ?

1 La poésie et les arts visuels

A La poésie, un art du « faire »

Le nom « poésie » vient du verbe grec « *poïein* », qui signifie « faire, créer ». La poésie est alors comprise comme un art du langage. La matière première en est les mots, comme la matière première du peintre est la couleur, ou la matière première du sculpteur le marbre, par exemple.

B Le poème comme un tableau…

- Le poème, forme souvent brève, peut, comme un tableau, et contrairement aux textes longs en prose, être appréhendé d'un seul coup d'œil. Il est aisé de reconnaître au premier regard un sonnet, un dizain ou même un poème en prose.
- Le poème est graphique. Le vers s'inscrit dans le blanc de la page. Les strophes sont séparées par un blanc graphique.
- Certains poètes jouent plus explicitement que d'autres avec cette caractéristique. C'est le cas d'Apollinaire qui explore le calligramme et qui cherche une poésie qui se voit. Cendrars travaille la typographie de ses textes.
- Réciproquement, les peintres abstraits de la première moitié du XXe siècle introduisent des lettres comme motif abstrait dans leurs tableaux. C'est le cas de Picasso et de George Braque, par exemple.

2 L'exemple du baroque

Certains courants artistiques touchent plus particulièrement certains arts et genres littéraires. C'est le cas du baroque dont on peut comparer les caractéristiques en architecture, en sculpture et en poésie.

A La sculpture baroque

- Le Bernin (1598-1680) et Borromini (1599-1667) sont les deux architectes et sculpteurs qui marquent l'art de leur époque (→ dépliant).
- Ils construisent des églises, ils sculptent des fontaines et des statues. Les fontaines permettent des jeux d'eau et de reflet, et représentent souvent des personnages en pleine métamor-

phose. Les statues sont caractérisées par le mouvement et la violence des expressions. Les églises et monuments mêlent les formes arrondies et les lignes verticales.

B Des points communs avec la poésie

- Le baroque s'interroge sur le monde et ses incertitudes, joue sur les apparences, sachant qu'elles sont trompeuses.
- L'architecture baroque aime les jeux d'échos, de miroir, les perspectives (vraies ou fausses), les mises en abyme, le multiple, comme s'il était à la recherche d'une stabilité introuvable. La ligne courbe, les volutes, les jeux d'eaux, les superpositions et l'alliance des contraires sont sa marque.
- La poésie baroque aime le complexe, le mélange des genres, fait l'éloge du mensonge, de l'inconstance, s'amuse des métamorphoses, des déguisements et des trompe-l'oeil.
- Ces deux vers de Marbeuf (1628) donnent une idée des jeux de miroir que l'on trouve aussi en architecture :

> Et la mer et l'amour ont l'amer pour partage
> Et la mer est amour et l'amour est amer.

- Le tableau ci-dessous récapitule certaines de ces caractéristiques.

Architecture	Poésie
Volonté d'impressionner	Hyperboles, mises en scène de la mort, dramatisation, surnaturel, merveilleux
Exhibition de puissance matérielle	Goût du spectacle, démesure
Importance des superpositions décoratives	Richesses des images, des figures de style (tendance à la préciosité)
Goût du singulier et de l'insolite	Métamorphoses, êtres hybrides, déformations, antithèses

Pour réfléchir à la correspondance entre poésie et art, on peut suivre deux pistes : se demander en quoi la poésie peut être considérée comme un art ; voir comment un courant d'idée s'exprime en poésie ou dans les autres arts.

BILAN EXPRESS
ÉCRITURE POÉTIQUE ET QUÊTE DU SENS

Qu'est-ce que la poésie ?

> Avez-vous observé qu'un morceau de ciel, aperçu par un soupirail, ou entre deux cheminées, deux rochers, ou par une arcade, etc., donnait une idée plus profonde de l'infini que le grand panorama vu du haut d'une montagne ?
>
> (BAUDELAIRE, lettre à A. Fraisse, 1860)

▶ Baudelaire explique ici le pouvoir d'évocation de la poésie, forme condensée qui contient des pans entiers du monde.

> La beauté est en tout, mais il faut savoir l'en faire sortir ; le poète véritablement original va toujours la chercher dans les choses où elle est le plus cachée, plutôt qu'en celles où elle apparaît au-dehors et où chacun peut la cueillir. Il n'y a pas de choses poétiques, comme il n'y a pas de choses qui ne le soient point : car la poésie n'existe en réalité que dans le cerveau de celui qui la voit.
>
> (MAUPASSANT, « Les poètes français du XVIe siècle », 1877)

▶ C'est à propos de « La Charogne » de Baudelaire que Maupassant écrit ces lignes. Selon lui, le poète révèle la beauté où qu'elle soit, et plus particulièrement là où on ne pense pas qu'elle puisse être, même dans le laid.

> Nommer un objet, c'est supprimer les trois quarts de la jouissance du poème qui est faite du bonheur de deviner peu à peu ; le suggérer, voilà le rêve.
>
> (MALLARMÉ, réponse à l'enquête de Jules Huret, 1881)

▶ Mallarmé définit la poésie symboliste par opposition à la poésie réaliste et à celle des parnassiens. Mais ce faisant, il nous rappelle la force de suggestion de tout poème.

Fonctions du poète ?

> Le poète en des jours impies
> Vient préparer des jours meilleurs.
> Il est l'homme des utopies,
> Les pieds ici, la tête ailleurs.
> C'est lui qui sur toutes les têtes,
> En tout temps, pareil aux prophètes,

Dans sa main, où tout peut tenir,
Doit, qu'on l'insulte ou qu'on le loue,
Comme une torche qu'il secoue,
Faire flamboyer l'avenir !

(VICTOR HUGO, *Les Rayons et les Ombres*, 1835)

Pour Hugo, le poète est un guide dont la parole est engagée dans le monde. Roubaud le charge d'une mission plus humble limitée au travail sur la langue (→ fiche 26). Ces deux représentations du poète peuvent sembler opposées, mais sont en fait complémentaires.

Le poète et le monde

On se demande comment la poésie, étant si peu nécessaire au monde, occupe un si haut rang parmi les beaux-arts.

(VOLTAIRE, *Dictionnaire philosophique*, 1764)

Ce paradoxe joue sur deux conceptions de la poésie : l'une qui en fait un art décoratif tenant de la prouesse formelle, et l'autre qui la charge d'une mission et d'un sens.

Le banni, debout sur la grève,
Contemplant l'étoile et le flot,
Comme ceux qu'on entend en rêve,
Parlera dans l'ombre tout haut ;
Et ses paroles qui menacent,
Ses paroles dont l'éclair luit,
Seront comme des mains qui passent
Tenant des glaives dans la nuit ;

(VICTOR HUGO, *Les Châtiments*, 1853)

On trouve une réponse dans ces vers de Hugo qui évoquent le souffle de la parole poétique.

Une histoire complexe

Il est parfois difficile de classer poètes et poésie. Ainsi Baudelaire se démarque du romantisme, pourtant certains de ses poèmes en relèvent. Il est accusé de trop de réalisme par ses détracteurs. Il admire le travail d'orfèvre des parnassiens tout en prenant ses distances avec l'Art pour l'Art et il influence durablement le symbolisme.

« Demandons aux poètes du nouveau – idées et formes. » (Rimbaud, 1871)

LA QUESTION DE L'HOMME DANS LES GENRES DE L'ARGUMENTATION DU XVIe SIÈCLE À NOS JOURS

Quels sont les enjeux de cet objet d'étude ?

1 Que dit le programme ?

« L'objectif est de permettre aux élèves d'accéder à la réflexion anthropologique dont sont porteurs les genres de l'argumentation afin de les conduire à réfléchir sur leur propre condition. [...] Dans cette perspective, on s'attache à mettre en évidence les liens qui se nouent entre les idées, les formes qui les incarnent et le contexte dans lequel elles naissent. Le fait d'aborder les œuvres et les textes étudiés en s'interrogeant sur la question de l'homme ouvre à leur étude des entrées concrètes et permet de prendre en compte des aspects divers, d'ordre politique, social, éthique, religieux, scientifique par exemple, mais aussi de les examiner dans leur dimension proprement littéraire, associant expression, représentation et création. » Extrait du B.O.

2 Quels grands axes se dégagent ?

A Le texte argumentatif

- Il vous faudra étudier des textes argumentatifs, mais aussi en produire et savoir mener une réflexion par vous-même. La première des choses est donc de bien comprendre ce qu'est un texte argumentatif. Quelles sont ses bases (→ fiche 34) ?
- Argumenter, c'est d'abord chercher à agir sur l'autre pour emporter son adhésion. Deux voies s'ouvrent : convaincre l'autre, le persuader (→ fiche 34).
- Pour comprendre ou produire un texte argumentatif, il faut savoir différencier thèse soutenue, thèse réfutée ; ne pas confondre arguments et exemples ; reconnaître les types de raisonnements. Bref, savoir analyser un schéma argumentatif et évaluer une stratégie argumentative (→ fiche 39).

B Les genres de l'argumentation

- Une première distinction s'opère entre argumentation directe (→ fiche 35) et argumentation indirecte (→ fiche 36). Dans la première, la parole est prise en charge par l'auteur, alors que, dans la seconde, la parole est déléguée à un narrateur, à des personnages.

• À l'intérieur de cette grande partition, les genres sont multiples. Il vous faut les connaître et savoir les distinguer (→ fiches 35 et 36).

• Mais si argumentation directe et argumentation indirecte s'opposent fermement, il ne faut pas les opposer de manière caricaturale (→ fiche 40).

C « La question de l'Homme »

• La problématique de votre objet d'étude suppose que les textes argumentatifs soient porteurs d'une réflexion anthropologique, c'est-à-dire axés sur la connaissance de l'homme, ses mœurs, ses croyances, ses modes d'organisation sociale, sa relation à la religion, à la science…

• Menée sous cet angle, l'étude des genres de l'argumentation permet de comprendre comment l'homme se pense (quelles sont ses idées ? ses croyances ? ses thèses ?), comment il construit ses rapports aux autres, ce qu'il veut faire du monde et comment il l'agite (→ fiche 37).

• Vous devrez ainsi être aptes à envisager les questionnements relatifs à la « condition humaine ».

D Une dimension historique

• D'une certaine manière, les hommes se posent toujours les mêmes questions, s'interrogent sur les mêmes phénomènes. En ce sens on peut dire que toute argumentation engage celui qui la tient dans un débat d'idées qui lui préexiste (→ fiche 34).

• Mais ces débats d'idées s'expriment différemment selon les époques. Il y a des différences selon le sens : si les questions sont les mêmes, les réponses sont différentes (→ fiches 37, 38 et 39) ; et selon la forme : certaines formes s'adaptent mieux à certains débats ou à certains contextes (→ fiches 35 et 36).

• Mener une réflexion anthropologique sur l'homme c'est aussi aller chercher, dans sa culture et dans ses racines, les mythes fondateurs, ce qu'il cultive et a fait sien (→ fiche 38).

Il s'agit donc de vous donner les moyens de réfléchir, par l'étude des genres de l'argumentation et des grandes thématiques et problématiques qui les parcourent, à la place de l'homme dans le monde.

LES BASES DE L'ARGUMENTATION

Quels sont les éléments essentiels de toute argumentation ?

1 Qu'est-ce qu'argumenter ?

• Pour qu'il y ait argumentation il faut qu'il y ait un langage, un émetteur, un destinataire, et une thèse ou point de vue à défendre. Il s'agit de tout mettre en œuvre pour agir sur le destinataire et l'amener à se ranger à la thèse de l'émetteur.

• Le destinataire peut participer à l'argumentation, c'est le cas du dialogue. L'argumentation peut lui être destinée sans qu'il puisse interagir, c'est le cas du discours par exemple.

• Le destinataire peut être clairement identifiable (apostrophes, impératifs, pronoms personnels de seconde personne…), ou plus vaguement (utilisation du pronom indéfini « on » à valeur inclusive, et du pronom « nous »…).

• Le destinateur est parfois non identifiable, c'est le cas des dissertations par exemple.

2 Comment agir sur le destinataire ?

La réussite d'une argumentation se juge à l'adhésion du destinataire. Pour remporter cette adhésion, l'argumentateur doit convaincre et/ou persuader.

A Convaincre

• Pour convaincre, il faut s'appuyer sur des arguments logiques présentés dans une argumentation sans faille dont la structure logique est bien mise en évidence. Les arguments et les exemples doivent être incontestables.

• On cherche à atteindre la raison et l'intelligence du destinataire. Le registre didactique est souvent employé (→ fiche 6).

B Persuader

Persuader, c'est jouer sur la sensibilité et les sentiments du destinataire. Aime-t-il rire de son adversaire, s'en moquer ? Quel est son système de valeurs ? Il s'agit de trouver ce qui pourrait lui plaire, ou au contraire le choquer, de manière à obtenir son adhésion. Ici on déploie tout l'art de la rhétorique et on joue sur divers registres (→ fiche 6).

C Délibérer

• Délibérer, c'est débattre de deux opinions différentes pour aboutir à une prise de décision. Ainsi dans un jury, chacun donne son avis et défend sa position jusqu'à la décision finale.

• Le dialogue est le lieu privilégié de la délibération, et le théâtre en donne de nombreux exemples.

• On parle de monologue délibératif lorsque, dans une tragédie, le héros, face à un dilemme, se demande que faire et expose les arguments en faveur de l'un ou l'autre choix devant lequel il se trouve.

3 Situations et enjeux de l'argumentation

A Polyphonie et dialogisme

• Une argumentation fait toujours entendre plusieurs voix (polyphonie). En effet, même en l'absence totale des marques d'un destinataire, l'argumentateur n'est jamais seul : argumenter c'est se situer dans un débat déjà ouvert ; c'est prendre position par rapport à d'autres thèses déjà énoncées, évaluer les argumentations et les arguments.

• Quand l'auteur joue avec ces diverses voix et fait entendre thèse soutenue et thèse réfutée, on parle de dimension dialogique. Ainsi Diderot pour dénoncer l'esclavage, dans la *Contribution à l'*Histoire des deux Indes *de l'abbé Raynal* (1780), fait entendre deux voix, celle d'un « on » qui reprend les arguments habituels des défenseurs de l'esclavage et celle d'un « je » qui contre-argumente.

• Il faut alors étudier attentivement l'énonciation (→ fiche 4) : on ne doit pas se tromper dans l'attribution des propos.

B Les valeurs

• Argumenter c'est aussi s'inscrire dans un système de valeurs selon lequel l'auteur construit son argumentation, et dans un monde de croyances qui constitue le socle de sa réflexion.

• Le système de valeur est souvent explicité par l'utilisation d'un lexique évaluatif (→ fiche 1). Quant au monde de croyance, c'est souvent au lecteur de le déceler en analysant l'implicite et les présupposés de tel ou tel énoncé.

▶ L'argumentation met en jeu tous les éléments constitutifs de la communication.

5 LES FORMES DE L'ARGUMENTATION DIRECTE

Si l'argumentation directe relève du « convaincre », elle peut emprunter différentes formes.

1 L'essai

A Une définition minimum

• L'essai fait partie des cinq grands genres littéraires. Il est défini comme un texte d'idées. En effet, il ne s'agit pas de construire un monde fictif, qu'il soit sous forme de récit ou de pièce de théâtre, mais de développer une réflexion sur un thème d'ordre littéraire, politique, religieux, scientifique, etc.

• La réflexion est personnelle, c'est-à-dire que c'est un « je » qui s'exprime, que l'auteur choisisse une énonciation à la première personne ou qu'il s'efface derrière l'emploi des pronoms « nous » ou « on ».

• L'argumentation est menée directement, sans aucun truchement. L'essai est alors donné comme l'exemple même du texte argumentatif et on y trouve l'arsenal habituel de cette forme de discours : thèse(s), arguments, exemples, connecteurs logiques (→ fiche 39).

B *Les Essais* de Montaigne

• C'est Montaigne qui le premier emploie ce terme. Ses *Essais*, dont la rédaction et les diverses rééditions s'étalent sur une vingtaine d'années (1572-1592), sont constitués de trois livres. Ceux-ci sont divisés en chapitres qui se donnent, chacun, un thème de réflexion.

• L'auteur revendique une écriture très personnelle et apparemment sans souci de remise en ordre :

> Mes fantaisies se suivent, mais parfois c'est de loin, et se regardent mais d'une vue oblique.

• Pour caractériser le genre de l'essai tel qu'il est pratiqué par Montaigne, il faut être attentif au sens du mot lui-même : c'est une « tentative », qui ne se donne pas pour aboutie mais qui, au contraire, revendique un caractère non fini.

• Il s'agit de rendre compte de l'état actuel d'une pensée que le lecteur est invité à suivre dans ses détours et ses méandres. Montaigne présente ainsi son travail :

> Ce sont ici mes humeurs et mes opinions ; je les donne pour ce qui est en ma croyance, non pour ce qui est à croire ; je ne vise ici qu'à découvrir moi-même qui serait autre demain si un nouvel apprentissage me changeait...

• On peut opposer l'essai selon Montaigne au traité et à la dissertation qui, eux, proposent une réflexion exhaustive et organisée, en vue de démontrer une thèse ou d'expliciter un point de vue.

2 Les autres formes de l'argumentation directe

A Le pamphlet

C'est un texte assez court et très violent dans lequel l'auteur s'attaque au pouvoir en place ou à une position de pouvoir (personne connue, institution). L'auteur exprime son indignation et défend sa propre vérité.

B La maxime

C'est un texte très bref (quelques lignes) qui énonce une opinion au présent de vérité générale, sans que celle-ci soit réellement argumentée. La maxime peut énoncer une ligne de conduite et a une visée moraliste.

C La lettre

La lettre, qu'elle soit réelle, fictive ou ouverte, peut être le support d'une argumentation. La lettre ouverte a un destinataire désigné mais s'adresse à un large public puisqu'elle est publiée dans la presse ou sous forme de livre. Ce public est pris à témoin et doit prendre partie dans le débat. Le texte, souvent polémique, peut dénoncer une injustice.

L'essai est le genre principal de l'argumentation directe. Il se décline de diverses façons ; c'est pourquoi, s'il est facile à définir (un texte d'idées), il n'est pas facile à délimiter.

6 LES FORMES DE L'ARGUMENTATION INDIRECTE

L'argumentation indirecte relève de la persuasion et passe par le récit. De manière générale, on appelle « apologue » les récits brefs de fiction à visée argumentative.

1 La fable

A Définition

• « Fable » vient du latin *fabula* qui signifie « parole ». « Apologue » vient du grec *apologos*, qui signifie « discours sur quelque chose, narration ». Les deux termes sont employés de manière synonymique. On le voit dans cette définition donnée par La Fontaine :

> L'apologue est composé de deux parties, dont on peut appeler l'une le Corps, l'autre l'Âme. Le Corps est la Fable ; l'Âme, la Moralité.

• Le récit s'organise autour d'animaux, de végétaux, ou d'hommes. Il peut être lu au premier degré, mais il a un sens second que le lecteur doit déchiffrer, ce sens est souvent d'ordre moral ; l'apologue a donc une visée didactique.
• On analyse le récit (ou fable proprement dite) comme un exemple argumentatif et la moralité comme la thèse.

B Les fabulistes

• Les apologues du grec Ésope (VIe siècle av. J.-C.), sont écrits en prose. Le récit, bref, est suivi d'une moralité explicite mise en valeur de manière didactique. Le poète latin Phèdre s'en inspire et écrit des recueils de fables en vers.
• La Fontaine trouve la plupart de ses sujets chez ces auteurs, mais aussi chez le fabuliste perse Pilpay. Il choisit le vers (souvent hétérométrique) et veut rendre les fables plus plaisantes tout en conservant leur caractère didactique.
• Au XXe siècle, certains auteurs (Anouilh et Queneau par exemple) s'amusent à la réécriture des fables, souvent pour en détourner le sens et délivrer une autre moralité.

2 Le conte philosophique

• Comme le conte, c'est un texte assez court. Les personnages n'ont pas de réelle épaisseur psychologique ; ils incarnent une idée ou un type de comportement.

• Le conte philosophique développe, en passant par le récit, des idées qui pourraient aussi bien faire l'objet d'un essai philosophique. Ainsi, *Candide* de Voltaire propose une réflexion sur l'optimisme et constitue en fait une sorte de réponse au philosophe Leibniz.
• De plus, la trame narrative est prétexte à passer en revue les grands thèmes sur lesquels porte la réflexion des philosophes des Lumières : fanatisme, intolérance, monarchie, esclavage, religion…
• Le conte philosophique est un apologue dans le sens où il s'agit d'un court récit argumentatif, mais il s'en distingue dans la mesure où son but n'est pas de délivrer une moralité.

3 L'utopie

• En grec, *topos* signifie « lieu », *u-* peut renvoyer au préfixe privatif *ou*, ou au préfixe *eu* (« bien »). L'association des deux sens permet de définir l'utopie comme un monde idéal et heureux dans un non-lieu, c'est-à-dire qui ne saurait exister.
• L'utopie est un genre qui suit des règles précises. Le récit se déroule dans un lieu clos sur lui-même et isolé du monde. Cette clôture permet de mettre en scène un monde autonome qui, privé du contact avec notre monde, a développé sa propre organisation, ses propres valeurs et ses propres règles.
• Le monde de l'utopie inverse nos règles et nos valeurs pour mieux en démontrer l'inanité. Sa fonction est avant tout critique. Elle permet une réflexion philosophique et politique.
• Thomas More fonde le genre en écrivant *L'Utopie* (1516). Du XVIe au XVIIIe siècle, les utopies tendent à démontrer qu'il peut exister une organisation sociale autre, bénéfique à l'homme et dont il serait bon de s'inspirer pour réformer notre propre monde (Rabelais, Montesquieu, Voltaire…).
• Au XXe siècle, des auteurs comme Orwell et Huxley écrivent des contre-utopies. Les caractéristiques narratives sont les mêmes que dans l'utopie, mais le monde représenté est un monde totalitaire.

La fable délivre, de manière plus ou moins explicite, une moralité. Le conte philosophique et l'utopie ne délivrent pas forcément de moralité, mais demandent une lecture au second degré pour bien en comprendre le sens.

LA QUESTION DE L'HOMME DANS L'ARGUMENTATION DU XVIe AU XXe SIÈCLE

Les choix argumentatifs ne sont pas liés au hasard. Ils dépendent de ce que l'on veut dire, du public auquel on s'adresse, et plus largement du contexte dans lequel naissent les idées que l'on a à défendre, à expliciter, à explorer. Cette fiche et la suivante vous proposent quelques grands repères dans cette histoire.

1 Au XVIe siècle

• La forme de l'essai telle que la définit Montaigne correspond bien à son scepticisme, à sa conception d'un savoir en construction qui va chercher ses racines dans la culture de l'Antiquité mais qui s'ouvre aussi aux autres mondes que le siècle découvre. L'homme n'est pas un être figé, pourquoi alors devrait-on en figer l'écriture ?

• L'humanisme se définit aussi par le partage des valeurs et des connaissances entre les hommes. C'est un mouvement européen (→ fiche 41). C'est alors par les lettres que les humanistes réfléchissent ensemble à ce nouvel homme qu'ils cherchent à construire. La correspondance d'Érasme en est un exemple.

• L'utopie (Rabelais, Thomas More → fiche 36) permet, par le récit, de tester, en quelque sorte, les conceptions de l'éducation, du rapport à la religion, au pouvoir, toutes thématiques qui sont au centre des débats des humanistes (→ fiche 43).

• La poésie peut être aussi utilisée à des fins argumentatives. *Songe* de du Bellay met en scène la décadence de Rome et de ses valeurs, la fragilité du monde et du pouvoir par rapport au seul recours absolu, Dieu. Ronsard, dans le *Discours des misères de ce temps*, prend position dans le conflit des guerres de religion en s'adressant au roi et à la reine.

2 Au XVIIe siècle

• Le XVIIe siècle est pris entre deux tensions, la conscience toute baroque de l'instabilité et de la fragilité de l'homme, et la revendication de sa maîtrise du monde. C'est donc la place de l'homme dans le monde qui est au centre des débats.

• L'argumentation directe peut prendre la forme du discours, défini ainsi par Descartes (1637) : « Je ne mets pas Traité de la méthode mais Discours de la méthode, pour montrer que je n'ai pas dessein de l'enseigner, mais seulement d'en parler. »
• Elle peut prendre une forme plus discontinue, ce sont les *Pensées* de Pascal. Les sermons de Bossuet, *Sermon sur la mort*, *Sermon sur l'ambition*, rappellent à l'homme sa petitesse face à la grandeur de Dieu.
• Le XVIIe siècle est aussi l'époque des grands moralistes. Ils traitent de l'homme social, l'honnête homme (→ fiche 7).
- La Rochefoucauld, dans ses *Maximes*, privilégie les formes brèves. C'est au lecteur, ou à l'interlocuteur d'en développer l'argumentation.
- La Bruyère (*Les Caractères*) emprunte une forme de l'argumentation indirecte pour dénoncer les défauts des hommes : le portrait satirique.

Plaire et instruire, selon la formule d'Horace (*placere et docere)*, c'est le but des fables tel que le définit La Fontaine.

3 Au XVIIIe siècle

• Le siècle des Lumières est souvent donné comme le siècle de l'argumentation. En effet, pour instaurer le règne de la raison et diffuser les connaissances, les philosophes des Lumières vont explorer toutes les formes de l'argumentation. L'argumentation directe et l'indirecte se complètent l'une l'autre.
• La forme de l'essai est empruntée par Montesquieu dans *De l'esprit des lois*. Dans l'*Encyclopédie*, les auteurs rédigent des articles dans lesquelles ils défendent leurs conceptions de l'homme, de la science, etc. Rousseau se fait connaître par ses *Discours*. Voltaire publie son *Dictionnaire philosophique*.
• Mais les mêmes auteurs empruntent aussi les formes de l'apologue (les contes philosophiques de Voltaire) ou de la correspondance fictive (les *Lettres persanes* de Montesquieu). Ils passent aussi par une écriture plus autobiographique (*Les Rêveries du promeneur solitaire* de Rousseau), ou jouent sur les limites entre réel et fictif dans des formes dialoguées (*Supplément au voyage de Bougainville* de Diderot).
• On retrouve l'utopie, mais sous une forme plus critique qu'au XVIe siècle (Voltaire, Montesquieu).

LA QUESTION DE L'HOMME DANS L'ARGUMENTATION DU XVIe AU XXe SIÈCLE (suite)

4 Au XIXe siècle

A Des débats politiques

• Pendant la période romantique, poètes et romanciers prennent part au débat d'idées sur la politique. Ils s'intéressent aux conditions de vie des hommes, à leur misère, et dénoncent les injustices sociales. Ainsi Hugo utilise toutes les ressources de la littérature pour défendre ses positions.

• Sa poésie se fait explicitement dénonciatrice dans *Les Châtiments* consacrés à la critique de Napoléon III. Son roman *Le Dernier Jour d'un condamné* emprunte la forme du journal pour faire un réquisitoire contre la peine de mort. D'une certaine manière, on peut dire que le titre de son roman *Les Misérables* indique le parti qu'il prend face aux injustices sociales. Dans *Choses vues*, il témoigne, à la première personne, de son inscription dans le monde.

• Pendant la période réaliste et naturaliste, le roman l'emporte sur les formes courtes de l'apologue. L'argumentation est moins liée à une forme déterminée mais l'essor de la presse va permettre la prise de parole publique dans les lettres ouvertes. C'est le fameux « J'accuse » de Zola.

B Des débats esthétiques

• La modernisation et l'industrialisation de l'Europe changent les valeurs esthétiques de l'homme du XIXe siècle. On assiste à des débats sur l'esthétique moderne, une nouvelle conception du beau prend jour, et surgissent de nouvelles valeurs pour l'homme.

• Le débat suscité par la construction de la tour Eiffel en est un bon exemple. Pour certains, cette tour est une monstruosité qui défigure Paris ; pour d'autres, c'est un résumé de la science contemporaine.

• Baudelaire défend sa conception de la modernité dans ses *Salons*. Les réalistes et les naturalistes, qu'ils soient peintres (Courbet) ou écrivains (Maupassant, Huysmans, Zola), écrivent des préfaces ou des manifestes dans lesquels ils défendent leur conception du beau.

5 Au XXe siècle

A La guerre et la condition humaine

• Les deux guerres mondiales marquent le XXe siècle. La poésie peut devenir chant de guerre ou de refus de la guerre (Desnos, Vian, Prévert, Éluard, Aragon).

• La prise de conscience de ce que l'homme peut faire subir à l'homme, de cette tentative de déshumanisation entreprise par le nazisme, rouvre une réflexion sur ce qu'est l'homme. Cette interrogation est au cœur du témoignage de Primo Levi, *Si c'est un homme*.

B La pensée de l'absurde

Que reste-t-il à l'homme dans un monde privé de Dieu et qui a perdu tout sens ? Quelle sont ses valeurs, quelle est sa part de liberté ? La pensée de l'absurde est exposée dans des essais (Camus, *Le Mythe de Sisyphe*).

C Une réflexion sur l'engagement dans l'action

Au moment où le monde change, où des idéaux révolutionnaires semblent devenir réalité, le théâtre de Camus et de Sartre se veut un débat sur l'engagement de l'homme dans l'action politique. Jusqu'où peut-il aller ?

D Le retour de l'apologue

• Les dictatures qui prétendent vouloir le bonheur de tous sont dénoncées dans les contre-utopies (Orwell, Wells).

• La vogue des nouvelles remet en faveur l'apologue. Ainsi la nouvelle de Marguerite Yourcenar « Comment Wang-Fô fut sauvé » (dans les *Nouvelles orientales*) est en fait une réflexion sur les pouvoirs de l'art.

E Le concept de littérature engagée

Pour Sartre, l'écrivain doit s'engager dans son temps, et s'y engage de fait dès qu'il écrit : « la littérature efficace, c'est la littérature qui entraîne l'homme vers l'amélioration de la condition des hommes et vers l'humanité » (*Situations*).

Les formes de l'argumentation directe ou indirecte sont variées ; elles peuvent différer selon leur contexte historique. Vous aurez à vous demander ce qu'apporte la forme choisie par un auteur à l'efficacité de son argumentation.

CULTURES DE L'ANTIQUITÉ ET RÉFLEXION ANTHROPOLOGIQUE SUR L'HOMME

Que peuvent apporter les cultures de l'Antiquité à notre connaissance de l'homme ?

1 Aux commencements est la parole

• Les mythes (le mot vient du grec *muthos* qui signifie « parole »), constituent les premières paroles énoncées par les hommes pour organiser et comprendre le monde dans lequel ils vivent. Quelles que soient les civilisations, on trouve ces grands mythes fondateurs. Ils prennent la forme de récits de création du monde, de conflits entre les dieux, de légendes, ou de simples histoires. On les trouve dans la mythologie grecque et romaine par exemple.

• La fable, qui signifie aussi « parole » (→ fiche 36), raconte sous une autre forme les mœurs et les habitudes des hommes. Elle délivre aussi des leçons de vie, sur le plan moral, mais aussi parfois sur le plan pratique. En quelque sorte, elle recueille les modes de vie d'une époque.

• On peut dire que l'apologue, la fable, le conte populaire sont nos recueils d'us et coutumes, et cela, que ce soit au VIe siècle av. J.-C., au XVIIe siècle ou de nos jours.

• Au XXe siècle, Lévi-Strauss, anthropologue français, recueille ce type de paroles fondatrices auprès de certaines tribus, dont celles d'Amazonie.

• De quelles représentations du monde ces « paroles » sont-elles la trace ? Telle est la question que l'on peut se poser en allant chercher les grands récits des cultures de l'Antiquité.

2 Des récits fondateurs

• La Bible, la mythologie gréco-romaine, les premiers grands récits épiques (*L'Épopée de Gilgamesh*, *L'Iliade* et *L'Odyssée* d'Homère) placent d'emblée l'homme face au monde, à ses mystères et à ses dangers.

• Toute civilisation a besoin de fonder sa légitimité, de raconter ses commencements et de les glorifier. Ainsi des grands mythes fondateurs de Rome : l'histoire de Remus et de Romulus, par exemple.

• Ces légendes donnent lieu à des grands poèmes comme *L'Énéide* de Virgile (Ier siècle av. J.-C.) qui permet de relier la fondation de Rome à la Troie antique.
• Ces textes, longtemps étudiés dans les écoles et dans les lycées, ont irrigué l'écriture des écrivains de tous les siècles, que les références soient explicites (Fénelon, *Les Aventures de Télémaque*, 1699 ; Gide, *Thésée*, 1946 ; Butor, *L'Emploi du temps*, 1956) ou implicites (Philippe Claudel, *Le Rapport de Brodeck*, 2007).

3 La tragédie

La tragédie grecque (→ fiche 19) n'est pas seulement une forme d'art, elle donne à voir aussi les conflits de l'homme avec la cité. Elle correspond, selon certains spécialistes, à un moment où la cité doit régler son compte avec les dieux, avec les anciennes légendes. Ce sont les valeurs de la cité, anciennes et nouvelles, qui sont en débat dans la tragédie grecque du ve siècle av. J.-C.

4 Les « enquêtes » : connaître et identifier l'autre

• Hérodote (484-425 av. J.-C.) est un historien grec qui est considéré comme le père de l'anthropologie. Il réalise neuf « enquêtes » regroupées dans un ouvrage intitulé *Histoires.*
• Une partie relève de l'Histoire : Hérodote relate les guerres médiques (l'empire Perse contre les cités grecques). Dans une autre partie il note ses observations sur les coutumes de différents peuples.
• Il travaille avec méthode ; il voyage et se documente. Il fait la distinction entre ce qu'il rapporte pour l'avoir vu lui-même, ou ce qu'il rapporte pour l'avoir entendu dire par d'autres.
• Dans sa description des autres peuples (modes de vie, géographie du pays), Hérodote compare souvent avec le mode de vie des grecs. On dit qu'il est l'adepte de la relativité des coutumes : sans vouloir adopter les coutumes des autres, il les accepte.

Les grands textes de l'Antiquité (mythologie, textes littéraires, textes historiques) sont au fondement de notre culture et de nos manières d'envisager l'homme, sa condition et son rapport au monde.

POUR ANALYSER UN TEXTE ARGUMENTATIF : LES PRINCIPAUX OUTILS

Quels sont les éléments constitutifs du texte argumentatif ?

1 Les marques de la subjectivité

Un texte argumentatif appartient au « système du discours » (→ fiche 4). Il en a les caractéristiques : présence du système de la première personne et de la seconde personne, présent d'énonciation, verbes d'opinion, modalisateurs ; lexique évaluatif, affectif, appréciatif (→ fiche 1).

2 Les constituants du texte argumentatif

- Le thème est ce dont on parle.
- La thèse est ce que l'on en dit. Elle n'est pas toujours explicite, c'est parfois au lecteur de la reformuler. On distingue thèse(s) réfutée(s) et thèse soutenue.
- Les arguments sont comme des preuves que l'on apporte à l'appui de la thèse. On distingue :

– l'argument d'autorité quand l'argumentation s'appuie sur une personne qui fait autorité, ce peut être un spécialiste reconnu ou l'opinion commune ;
– l'argument *ad hominem* quand l'argumentateur attaque personnellement son adversaire ;
– l'argument constat si l'argumentateur s'appuie sur un fait ;
– l'argument logique, un type d'argument qui s'inscrit dans un raisonnement logique.

- Les exemples servent à renforcer l'argumentation :

– l'exemple illustratif, comme son nom l'indique, sert à illustrer un argument : il le rend plus concret, plus compréhensible ;
– l'exemple argumentatif remplace un argument : c'est le cas du récit dans une fable (→ fiche 36).

3 Les types de raisonnement

- Le raisonnement déductif va du général au particulier. On part d'une loi, d'un axiome, d'une vérité donnée comme indiscutable, et on l'applique pour résoudre un cas particulier. C'est le raisonnement utilisé en mathématiques.

• Le syllogisme relève du raisonnement déductif, mais au lieu de partir d'une vérité, on en utilise deux (ou prémisses) : « Tous les hommes sont mortels, or Socrate est un homme, donc Socrate est mortel. »

• Le raisonnement inductif va du particulier au général. On part de l'observation de faits et on en tire une conclusion d'ordre général. C'est le raisonnement utilisé dans les sciences expérimentales.

• Le raisonnement dialectique oppose des argumentations, pèse le pour et le contre pour trouver une solution.

• Le raisonnement concessif est un raisonnement en deux étapes : il s'agit d'abord de concéder (admettre) une partie de la thèse adverse, pour finalement la réfuter.

• Le raisonnement analogique fonctionne par comparaisons et permet d'expliquer quelque chose d'inconnu en passant par le connu : « Le fanatisme est à la superstition ce que la rage est à la colère. » (Voltaire)

• Le raisonnement par l'absurde cherche à tirer les conséquences absurdes d'une thèse pour la disqualifier.

4 Les connecteurs logiques

• Les connecteurs logiques permettent de relier les idées entre elles, ils expriment des relations logiques :
– addition : *et*, *de plus*, *en outre*, *d'une part… d'autre part…*
– disjonction : *soit… soit*, *ou… ou…*
– comparaison : *comme*, *de même*, *ainsi…*
– opposition : *mais*, *au contraire*, *cependant*, *toutefois…*
– concession : *il est vrai que […] cependant*, *certes […] mais…*
– cause : *parce que*, *car*, *en effet*, *puisque…*
– conséquence : *donc*, *c'est pourquoi*, *si bien que*, *de sorte que*, *par conséquent…*

• Attention, les relations logiques ne sont pas toujours explicitées par des connecteurs. La ponctuation, le jeu sur les temps, noms et verbes, peuvent aussi servir à les exprimer.

Marques de la subjectivité, inscription des arguments et des exemples dans des types de raisonnement, grandes articulations d'une démonstration, tels sont les éléments que vous devez mettre à jour quand vous étudiez le schéma argumentatif d'un texte.

BILAN EXPRESS
LA QUESTION DE L'HOMME DANS LES GENRES DE L'ARGUMENTATION

Les charmes de l'argumentation indirecte

> […] et il s'épargna la peine de composer un long traité sur le beau.
>
> (VOLTAIRE, *Dictionnaire philosophique*, 1764)

> Le moyen d'ennuyer est de vouloir tout dire.
>
> (VOLTAIRE)

▶ Voltaire oppose l'argumentation directe, le long traité qui semble connoté par l'ennui (à écrire et à lire), à l'argumentation indirecte, qui serait du côté de la brièveté et du plaisir (de l'auteur et du lecteur).

> […] l'histoire de Zadig, ouvrage qui dit plus qu'il ne semble dire.
>
> (VOLTAIRE, « Épître dédicatoire de Zadig à la sultane Sheraa », *Zadig*)

▶ Voltaire définit le conte philosophique dont le lecteur idéal aurait « un petit fond de philosophie », ce qui lui permettrait de comprendre ce « plus » que dit le conte et qui définit toute argumentation indirecte.

Les charmes de l'argumentation directe

> J'aime je l'avoue ces sortes de livres […] vous n'y êtes pas serviteur, ni maître ; vous pouvez le traiter comme un journal ; en effet, c'est le journal d'un esprit […] il est varié ; d'une page à l'autre vous passez de la Renaissance au XIXe siècle, de l'Inde à l'Angleterre. Cette diversité surprend et plaît. Enfin, involontairement, l'auteur y est indiscret, il se découvre à vous sans rien réserver de lui-même […]
>
> (TAINE, *Essais de critique et d'histoire*, 1858)

▶ Cette citation de Taine nous rappelle que l'essai, genre multiple et finalement difficile à délimiter, est loin d'être toujours écrit sous une forme didactique et difficile d'accès.

> Une preuve que les nègres n'ont pas le sens commun, c'est qu'ils font plus de cas d'un collier de verre que de l'or, qui chez les nations policées, est d'une si grande conséquence.
>
> (MONTESQUIEU, *De l'Esprit des Lois*, livre XV)

▶ L'ironie est aussi à l'œuvre dans des écrits non fictifs. On en voit un bon exemple dans ce passage très connu de *L'Esprit des lois*. Le lecteur doit accomplir tout un travail de logique pour remettre le raisonnement à l'endroit. En effet, Montesquieu a inversé l'ordre des propositions pour démontrer que c'est la prémisse (→ fiche 39) qui est à critiquer. Pour le comprendre, le lecteur doit trouver le syllogisme qui sous-tend l'argumentation des esclavagistes. Ainsi apparaît le ridicule de ce qui est donné comme preuve : ce sont alors les « nations policées » qui se trompent de valeur et qui sont critiquées pour leurs agissements.

> On ne parle pas toujours directement. Certains vont même jusqu'à dire qu'on ne parle *jamais* directement ; qu'« Il fait chaud ici » ne signifie jamais qu'il fait chaud ici.
>
> (C. Kerbrat-Orecchioni, *L'Implicite*, 1998)

▶ Toute lecture joue sur l'implicite. En effet, l'expression « il fait chaud » peut signifier qu'il faudrait ouvrir la fenêtre, ou qu'on serait mieux ailleurs, par exemple. Si on applique ce point de vue à l'argumentation, on se rend compte que quelle que soit la forme de l'argumentation, il restera toujours au lecteur à en construire le sens.

La dimension littéraire de l'argumentation

> Parce que vous êtes grand seigneur, vous vous croyez un grand génie !... Noblesse, fortune, un rang, des places, tout cela rend si fier ! Qu'avez-vous fait pour tant de biens ? Vous vous êtes donné la peine de naître et rien de plus.
>
> (Beaumarchais, *Le Mariage de Figaro*, V, 3, 1784)

▶ Finalement, c'est la dimension littéraire de l'argumentation qui la rend efficace. Chaque auteur invente sa propre forme qui associe expression, contenu et création. C'est cette mise en mots qui lui donne force et crée l'impact sur le lecteur.

« Quand on veut étudier les hommes, il faut regarder près de soi ; mais pour étudier l'homme, il faut apprendre à porter sa vue au loin ; il faut d'abord observer les différences pour découvrir les propriétés. » (Rousseau, *Essai sur l'origine des langues*, 1781)

VERS UN ESPACE CULTUREL EUROPÉEN : RENAISSANCE ET HUMANISME

Quels sont les enjeux de cet objet d'étude ?

1 Que dit le programme ?

« L'objectif est d'élargir le champ des références culturelles des élèves et de leur faire découvrir, à partir de textes littéraires de divers genres, un mouvement culturel et artistique d'ampleur européenne. On s'attache à leur donner une vue d'ensemble des grands traits de l'humanisme renaissant, de son histoire, des valeurs qu'il promeut et des mutations religieuses, éthiques, scientifiques et esthétiques qui en accompagnent le développement. On amène ainsi les élèves à réfléchir sur les sources antiques de la culture européenne et à découvrir les racines communes des représentations et des valeurs qui transcendent la diversité des langues et des États. » Extrait du B.O.

2 Quels grands axes se dégagent ?

A L'humanisme, un mouvement européen

• L'humanisme est bien un mouvement européen puisqu'il part de l'Italie au XIVe siècle (Pétrarque devient le modèle du poète) et s'étend progressivement à l'Europe entière (Érasme est hollandais) : vers 1530, toute l'Europe est marquée par ce nouveau mode de pensée.

• Il est important de comprendre cette dimension européenne. En effet, les conditions qui l'ont vu naître dépassent le cadre d'un seul pays (→ fiche 42).

B Un espace culturel commun

• Le choix de l'expression « espace culturel » est important. Il ne s'agit pas simplement de mouvement littéraire et artistique mais de mouvement culturel, ce qui veut dire qu'on ouvre à tous les domaines de réflexion : idéologiques, économiques, politiques… Tout ce qui fait l'arrière-plan de la production artistique et qui la nourrit, tout ce qui caractérise une époque.

• Vous demande-t-on alors d'être historien, sociologue ou autre ? Non, mais on vous demande d'avoir une connaissance suffisamment précise d'une époque pour lier par exemple l'humanisme et la redécouverte des textes antiques. Ces problèmes dépassent bien souvent le cadre français, l'exemple des guerres de religion en est la preuve.

- Si l'on peut parler d'un espace commun malgré la diversité des langues, c'est que les lettrés partagent les mêmes connaissances, les mêmes sources et les mêmes valeurs (→ fiche 43).

C Renaissance et humanisme

- La Renaissance correspond à une période de l'histoire de l'Europe que l'on situe à la fin du Moyen Âge. On a longtemps opposé l'obscurité du Moyen Âge à l'ouverture sur le monde que la métaphore de la renaissance suggère. Les études contemporaines sur cette période remettent en cause cette opposition peu nuancée, mais le terme Renaissance continue à être employé.
- Pendant cette période, on disait de quelqu'un qui étudiait le latin et le grec qu'il faisait « ses humanités ». Le mot humanisme n'était pas employé. C'est dans les années 1830-1840 que ce terme est créé par des critiques allemands pour identifier le courant culturel du XVIe siècle. On définit alors l'humanisme comme une déclaration de foi en l'homme et ses valeurs, à un moment de l'histoire où le monde semble s'ouvrir.
- L'humanisme du XVIe siècle est un humanisme chrétien qui ne remet pas en cause l'existence de Dieu. Ce même terme est employé aujourd'hui de manière courante pour caractériser toute personne qui semble partager les valeurs d'ouverture et de tolérance. L'humanisme n'est plus forcément chrétien.

Cet objet d'étude vous dessine un vaste programme et vous invite à devenir vous-mêmes des humanistes, c'est-à-dire à viser un savoir encyclopédique qui s'appuie sur la connaissance des textes et du monde.

LE CONTEXTE HISTORIQUE ET SON INFLUENCE SUR LES IDÉES

Quelles sont les circonstances d'émergence de l'humanisme ?

1 Un monde qui s'ouvre

• Les Européens naviguent vers des terres lointaines. Christophe Colomb découvre l'Amérique (1492) et Vasco de Gama trace la route des Indes (1497), ce qui apporte des richesses nouvelles et la connaissance de nouvelles civilisations.
• L'organisation de l'univers est remise en question. Copernic (1473-1543) démontre que la Terre n'est pas le centre du monde (héliocentrisme) et Galilée (1564-1642) apporte des preuves supplémentaires.
• Les médecins commencent à expérimenter, pratiquent la dissection, et approfondissent la connaissance du corps humain (anatomie). C'est la naissance de la médecine moderne (Ambroise Paré).
• Gutenberg invente l'imprimerie vers 1450, ce qui permet une meilleure diffusion des connaissances.

2 Des identités qui s'affirment

• Après les guerres d'Italie, entre 1492 et 1559, François Ier renforce le pouvoir centralisateur.
• L'édit de Villers-Cotterêts en 1539 fait du français la langue officielle pour les actes juridiques qui étaient jusque là rédigés en latin.
• En France, Ronsard, du Bellay, Jean-Antoine du Baïf fondent la Pléiade. Du Bellay en rédige le texte programmatique, *Défense et illustration de la langue française* (1549). Il s'agit d'enrichir la langue française grâce à une réflexion linguistique passant par une comparaison avec le latin et le grec.

3 Un retour aux sources

• Après la chute de Constantinople (1453), les savants, emportant ce qu'ils ont pu sauver de textes latins et grecs, se réfugient en Italie, ce qui permettra de redécouvrir l'héritage culturel antique en ayant accès aux textes originaux.

• Budé (1468-1540) fonde un collège où sont enseignés le latin et le grec. Une grande activité de traduction voit le jour. Amyot (1513-1593) traduit les œuvres de Plutarque.
• La lecture des textes anciens irrigue la littérature du XVIe siècle qui défend le principe de l'imitation (→ fiche 45). C'est ainsi que Montaigne écrit (*Essais*, I, 26) :

> Les abeilles pillotent deça delà les fleurs, mais elles en font après le miel qui est tout leur ; ce n'est plus thym ni marjolaine ; ainsi les pièces empruntées d'autrui, il les transformera et confondra, pour en faire un ouvrage tout sien, à savoir son jugement.

• À la fin du XIXe siècle, Émile Faguet crée le mot « innutrition » pour nommer cette pratique qui est au cœur de la création littéraire du XVIe siècle.

4 Un nouveau mode de vie : l'influence italienne

• Au XVe siècle, les peintres et sculpteurs italiens s'inspirent de la statuaire gréco-romaine qu'ils redécouvrent.
• François Ier joue un rôle important dans l'évolution culturelle de la France. Il fait venir architectes et peintres italiens pour construire les châteaux de la Loire.
• Les châteaux ne sont plus des forteresses : douceur de vivre et arts sont les maîtres mots de la cour de France. Les princes se font mécènes et favorisent ainsi le développement des arts.

5 Des bouleversements religieux

• L'étude des textes sacrés, débarrassés de leurs commentaires et que l'on peut lire dans la langue nationale sans l'intermédiaire du clergé, renouvelle la pratique de la religion.
• En France, les évangélistes souhaitent revenir à un christianisme plus près des textes. Luther (moine allemand, 1483-1546) dénonce les abus de l'Église catholique, ainsi s'amorce la Réforme protestante. Calvin (1509-1554) va propager cette Réforme en France puis se réfugie à Genève.
• En 1562 commencent les guerres de religion qui opposent catholiques et protestants.

Tous ces événements vont conduire à penser autrement le rapport au monde : c'est ce nouveau mode de pensée que l'on a appelé *a posteriori* l'humanisme.

LES VALEURS DE L'HUMANISME

On peut reconnaître l'humanisme de la Renaissance au partage de certaines valeurs.

1 Éducation et savoir encyclopédique

• « Que rien ne te soit inconnu » écrit Gargantua à son fils Pantagruel dans une longue lettre qui lui détaille son programme d'études (Rabelais, *Pantagruel*, 1532). Les langues anciennes, l'histoire, les mathématiques, la musique, l'astronomie, le droit, les sciences naturelles (faune, flore, minéraux), la médecine, l'hygiène, l'éducation physique, la philosophie, tel est le programme idéal de tout lettré qui doit devenir « un abîme de science ».

• Mais il ne s'agit pas d'être savant pour être savant, parce que « science sans conscience n'est que ruine de l'âme » comme le rappelle Gargantua dans la même lettre. Il faut aussi acquérir sagesse et vertus morales pour vivre dans le monde.

• Bernard Palissy (1510-1590), de son côté, rappelle que les connaissances livresques ne servent de rien si elles ne s'appuient sur des expérimentations, et si elles ne sont pas liées à une pratique.

• Une pédagogie empirique est privilégiée. C'est un homme cultivé, équilibré et ouvert sur le monde que cherche à construire l'éducation humaniste.

2 Un idéal politique

• Érasme, dans son *Éloge de la folie* (1511), se livre à l'exercice de l'éloge paradoxal. Il s'attaque aux défauts des hommes mais aussi aux princes :

> Représentez-vous maintenant le Prince tel qu'il est fréquemment. Il ignore les lois, est assez hostile au bien général, car il n'envisage que le sien ; il s'adonne aux plaisirs, hait le savoir, l'indépendance et la vérité, se moque du salut public et n'a d'autres règles que ses convoitises et son égoïsme.

• Ce à quoi renvoient ces vers de Ronsard adressés à Charles IX (1562) : « Sire, ce n'est pas tout que d'être Roi de France, / Il faut que la vertu honore votre enfance : / Un Roi sans la vertu porte le Sceptre en vain […]. »

3 Un idéal de liberté

- L'idéal de liberté est mis en récit dans les utopies (→ fiche 36).
- La seule règle que connaisse l'abbaye de Thélème dans le *Gargantua* de Rabelais est « Fais ce que tu voudras », « parce que les gens libres, bien nés, bien éduqués, vivant en bonne société, ont naturellement un instinct, un aiguillon qu'ils appellent honneur et qui les pousse toujours à agir vertueusement et les éloigne du vice ».

4 Beauté et amour : une conception philosophique

- Les humanistes subissent l'influence de Marsile Ficin (1433-1499) dont la traduction du *Banquet* de Platon met le néoplatonisme à l'honneur.
- Le thème de l'idéal féminin s'enrichit d'un thème plus philosophique : par le culte de la beauté et de l'amour épuré, l'âme s'élève jusqu'au monde des idées et des essences ; elle passe du monde des images et de l'illusion au monde du souverain bien.
- C'est la poésie qui est la voie privilégiée vers ce monde supérieur. La poésie du XVIe siècle est plus complexe que la lecture qu'on en fait souvent, en relation avec le *carpe diem*, ne pourrait le laisser penser.

5 Un idéal confronté à la réalité

- Mais les guerres fratricides de religion vont ébranler la foi en l'homme et en ses valeurs, et teinter l'humanisme de scepticisme.
- Montaigne s'interroge par exemple dans ses *Essais* :

> Est-il possible de rien imaginer d'aussi ridicule que cette misérable et chétive créature, qui n'est pas seulement maîtresse de soi, exposée aux offenses de toutes choses, se dise maîtresse et impératrice de l'univers, duquel il n'est pas en sa puissance de connaître la moindre partie, tant s'en faut de la commander ?

▶ L'humanisme est un mouvement caractérisé par l'ouverture : ouverture au monde, ouverture à l'autre. Mais ces valeurs positives, qui s'expriment souvent par l'utopie, n'empêchent pas la conscience aigüe des problèmes.

LES RÉÉCRITURES DU XVIIe SIÈCLE À NOS JOURS

Quels sont les enjeux de cet objet d'étude ?

1 Que dit le programme ?

« L'objectif est de faire réfléchir les élèves sur la création littéraire en l'abordant sous l'angle des relations de reprise et de variation par rapport aux œuvres, aux formes et aux codes d'une tradition dont elle hérite et dont elle joue. On leur fait ainsi prendre conscience du caractère relatif des notions d'originalité et de singularité stylistique, et du fait que l'écriture littéraire suppose des références et des modèles qui sont imités, déformés, transposés en fonction d'intentions, de situations et de contextes culturels nouveaux. On aborde dans cette étude les questions de genre, de registre et d'intertextualité et on travaille sur les phénomènes de citation, d'imitation, de variation et de transposition. Ce travail sera l'occasion d'entrer plus avant dans l'atelier de l'écrivain, mais aussi d'aborder l'œuvre dans son rapport au contexte historique et social qui la détermine. » Extrait du B.O.

2 Quels grands axes se dégagent ?

A « Réécritures » et intertextualité

- Le mot « texte » vient du latin *textus* qui signifie « tissu », « trame ». Cette étymologie nous rappelle que le texte est matière, qu'il est composé de multiples éléments et que c'est la manière dont ces éléments sont mis ensemble qui en font la singularité et l'éclat.
- On parle d'intertextualité quand apparaissent dans la matière du texte, de manière explicite ou non, des références, des traces, des influences d'autres textes : les textes s'entrecroisent pour former un nouveau texte, ainsi que l'écrit Julia Kristeva : « Dans l'espace d'un texte plusieurs énoncés pris à d'autres textes se croisent et se neutralisent. »
- On arrive à l'idée que toute écriture réécrit quelque chose qui a déjà été écrit, que ce soit de manière inconsciente ou de manière volontaire. L'originalité d'un écrivain réside alors dans sa manière singulière d'écrire après les autres, mais aussi avec les autres.

B Les formes de réécriture

Il existe différents types de réécritures (→ fiche 46). On peut les regrouper en trois catégories.

- L'intertextualité proprement dite regroupe la citation, le plagiat et l'allusion.
- L'hypertextualité, dérivation d'un texte à partir d'un texte antérieur, regroupe le pastiche, la parodie et, de manière large, tout texte issu d'une transformation d'un autre texte, que ce soit par transposition ou imitation.
- La métatextualité désigne tout commentaire qui unit un texte à un autre sans obligatoirement le citer.

C Les strates de l'écriture

- L'homme n'écrit, ne parle que de lui, de ses rapports avec les autres, et avec le monde. Lisez l'*Iliade* et l'*Odyssée*, lisez les textes les plus anciens, vous serez dépaysés, mais vous comprendrez parce que les questions essentielles sont toujours les mêmes ; seules les manières de les traiter diffèrent selon les époques.
- On arrive alors à l'idée que tout texte se lit dans un réseau de textes. Un texte n'est jamais seul (→ fiche 45). Il se lit aussi dans son épaisseur. Cette lecture active suppose, bien sûr, une grande culture littéraire.

D Qu'entend-on par « imitation » ?

L'imitation est souvent présentée de manière péjorative. Il ne faut pas copier, nous dit-on. Il nous faut donc reposer le problème autrement pour comprendre la portée du concept d'imitation en littérature, et de manière plus générale dans les arts (→ fiche 45).

Une bonne connaissance de l'histoire littéraire et des auteurs vous permet de repérer les phénomènes d'intertextualité. N'oubliez pas de mettre en œuvre ces connaissances lors de vos commentaires de textes.

REPRISES, VARIATIONS, IMITATIONS

Comment penser l'imitation ? Peut-on la justifier ?

1 Des thèmes intemporels

A Les mythes et les grandes figues héroïques

• Les mythes, et plus particulièrement la mythologie gréco-romaine, sont pris et repris à travers l'histoire littéraire, qu'on en enrichisse le récit, qu'on le transpose dans une autre époque, qu'on en réinterprète le sens.

• Certains personnages prennent le statut de mythe dans la mesure où ils sont suffisamment riches pour donner lieu à de nombreuses réécritures et interprétations. Ainsi le personnage de Dom Juan devient une figure mythique, qu'il soit l'expression d'une révolte contre Dieu, contre les codes et croyances de la société du XVIIe siècle, qu'il soit figure de la conquête et du plaisir ou de l'ennui et de la mort.

B Les *topoï* ou lieux communs

• On parle de *topoï* pour désigner les passages obligés (→ fiche 27). Ils s'organisent selon de grandes thématiques : « la fuite du temps », « la rencontre amoureuse », «la scène d'aveu »…

• On peut les étudier de manière synchronique : il s'agit alors de repérer les traits d'écriture de tel ou tel mouvement. On peut les étudier de manière diachronique : il s'agira alors de comparer leurs traitements selon le mouvement dans lequel ils s'inscrivent.

• Il vous faudra toujours apprécier la manière singulière qu'un auteur a de traiter ce « lieu commun ». C'est-à-dire la façon dont un auteur s'en empare, le réécrit (en s'en moquant ou en prenant une distance critique par exemple).

2 L'imitation, histoire d'une idée

A L'imitation est source d'invention

• Au XVIe siècle, on redécouvre les textes anciens et l'imitation est un mot d'ordre : du côté de la langue française pour l'enrichir, la revitaliser ; du côté des textes et des sources pour les revendiquer et s'en nourrir (→ fiche 42).

• Au XVIIe siècle, les dramaturges, non seulement puisent leurs sources chez les Anciens, mais suivent de près la poétique notée par Aristote. Ils en tirent des tragédies françaises du XVIIe siècle et non de pales copies des pièces antiques.

B Imiter n'est plus inventer

- La notion d'œuvre originale date de l'émergence de l'écrivain comme auteur propriétaire de son œuvre et protégé par la loi (à partir de la loi Le Chapelier en 1791).
- Les causes de ce changement de statut sont la plus large diffusion des œuvres et les changements de mentalité : culte de l'individu, importance accordé au « moi » et à l'expression de ses propres sentiments. Tout le XIXe siècle ira dans ce sens.
- On recherche alors l'originalité dans l'œuvre, l'originalité fait l'artiste. Dès ce moment, la copie est considérée comme un plagiat, et le plagiaire peut être attaqué en justice.

C Imiter pour démythifier

- Au XXe siècle, « l'originalité » et la propriété individuelle d'une œuvre ont été remises en question, entre autres, par les surréalistes : les cadavres exquis sont des œuvres collectives.
- De nombreux peintres reprennent des motifs anciens pour les parodier, ou les détourner dans un processus de remise en question et de désacralisation du patrimoine culturel.

D L'intertextualité

- Dans la seconde moitié du XXe siècle, on prend acte du caractère intertextuel de toute écriture. Il n'est plus question de poser le problème de l'écriture en termes d'opposition entre imitation et invention, entre copieur et créateur.
- Toute production littéraire est considérée comme la résultante d'un ensemble de textes. Ainsi se tisse l'infini des textes à venir. Le lecteur occupe une place nouvelle dans ce dispositif, dans la mesure où c'est à lui d'expliciter les liens, de retrouver le texte sous le texte.

On peut dire avec Montaigne que « chaque homme porte la forme entière de l'humaine condition ». C'est pourquoi finalement, que l'on parle d'imitation ou d'intertextualité, l'écriture est toujours réécriture.

« L'ATELIER DE L'ÉCRIVAIN »

Quelles sont les différents types de réécritures dont dispose un écrivain ?

1 Variations sur un texte

A Le travail de l'écrivain

Le travail de l'écrivain est parfois déjà une réécriture : l'étude des variantes et des brouillons le montre. Ainsi, Montaigne, de 1572 à 1592, modifie ses *Essais*.

B L'amplification

Le texte source devient une sorte de matrice à partir duquel le texte second se développe. L'exemple type est celui des réécritures des apologues d'Ésope par La Fontaine.

2 La transposition

A D'un genre à l'autre, tout est possible

- Du récit au théâtre : les tragédiens français du XVIe et du XVIIe siècle transposent au théâtre les récits bibliques ou les récits des historiens latins et grecs.
- De la poésie à la prose : Baudelaire fait passer certains de ses poèmes, comme « La chevelure », du côté de la prose.
- De la prose à la poésie : les fables d'Ésope sont de courts récits en prose, La Fontaine leur donne une forme versifiée.
- D'un sous-genre théâtral à un autre : « […] Voilà le fond dont on eût pu faire avec un égal succès, une Tragédie, un Drame, un opéra, *et cetera* », explique Beaumarchais dans sa préface du *Barbier de Séville*.
- De l'essai à l'apologue : les chapitres que Montesquieu consacre aux Troglodytes dans les *Lettres persanes*, reprennent, dans le genre de l'apologue, les idées développées dans *De l'esprit des lois*.

B D'un art à l'autre

- La peinture d'histoire retrace les grandes scènes historiques, mythologiques ou religieuses (→ fiche 15).
- L'ekphrasis (→ fiche 15) transpose l'art en littérature.
- Le cinéma s'empare de tous les genres (on parle alors d'adaptation) pour les mettre en images.

C À l'intérieur du texte

• Dans *Exercices de style* (1947), Queneau propose quatre-vingt-dix-neuf versions d'un même événement, en variant les registres, les niveaux de langue, etc.

• À l'intérieur d'un récit, les jeux sur les changements de focalisations présentent des variantes d'une même scène. Le roman épistolaire procède de cette manière.

3 L'imitation

A La parodie

La parodie (du grec : *para-* « à côté de » et *odê* « chant ») emprunte à un genre ses caractéristiques pour s'en moquer.

• Dans la parodie burlesque, le modèle est noble mais le registre utilisé est bas.

• Dans la parodie héroï-comique, le sujet est bas (vulgaire, quotidien) et on le traite de manière outrageusement noble.

B Le pastiche

Le pastiche est une écriture « à la manière de ». Il suppose une étude attentive du style du texte-source.

4 Le commentaire

Un auteur fait clairement allusion à un autre et commente son œuvre, comme dans ce passage évoquant Rousseau :

> le voyant en train de lire [...] chacun des vingt-trois volumes de prose larmoyante, idyllique et fumeuse, ingurgitant pêle-mêle les filandreuses et genevoises leçons d'harmonie, de solfège, d'éducation, de niaiseries, d'effusions et de génie [...].
>
> (Claude Simon, *La Route des Flandres*, 1960)

5 La citation, l'allusion et le plagiat

• La citation, littérale, est rendue visible par des marques typographiques.

• Le plagiat est un emprunt non déclaré mais littéral.

• L'allusion est plus ou moins implicite et non littérale. Elle demande au lecteur une activité de décryptage.

Les formes de réécriture sont très diverses. L'écrivain peut en jouer à sa guise. Mais il ne faut pas oublier qu'elles supposent un lecteur capable de tisser lui aussi des réseaux entre les textes et les auteurs.

BILAN EXPRESS
LES OBJETS D'ÉTUDE DE 1re L

Renaissance et humanisme

A Une définition de l'humanisme

Je t'ai installé au milieu du monde, afin que de là tu examines plus commodément autour de toi ce qui existe dans le monde.

(PIC DE LA MIRANDOLE, *De hominis dignitate*, *De la dignité de l'homme*, 1486)

▶ Cette citation met en évidence deux aspects de l'humanisme : la soif de connaissance et l'ouverture sur le monde.

B Un contraste fort

[...] bien que feu mon regretté père Grandgousier eût déployé tous ses efforts pour que je progresse en perfection et savoir politique, et que mon labeur et mon étude correspondissent bien à son désir et même l'aient dépassé, l'époque toutefois, comme tu peux bien le comprendre, n'était pas aussi opportune ni commode pour étudier les lettres qu'elle l'est à présent, [...]. Maintenant toutes les disciplines sont restaurées, les langues mises à l'honneur : le grec, sans lequel il est honteux qu'on se dise savant, l'hébreu, le chaldéen, le latin. Des livres imprimés, fort élégants et corrects, sont utilisés partout, qui ont été inventés à mon époque par inspiration divine, comme inversement l'artillerie l'a été par suggestion du diable. Le monde entier est plein de gens savants, de précepteurs très doctes, de bibliothèques très vastes [...]

(RABELAIS, *Pantagruel*, 1532)

Je veux peindre la France une mère affligée,
Qui est, entre ses bras, de deux enfants chargée.
Le plus fort, orgueilleux, empoigne les deux bouts
Des tétins nourriciers ; puis à force de coups
D'ongles, de poings, de pieds, il brise le partage
Dont nature donnait à son besson l'usage ;

(AGRIPPA D'AUBIGNÉ, *Les Tragiques*, 1616)

▶ Rabelais nous montre l'idéal à atteindre pour tout humaniste. Agrippa d'Aubigné, quant à lui, nous met face au caractère tragique de la réalité.

C Un exemple de réécriture

Un aigle, fondant d'une roche élevée enleva un agneau. À cette vue, un choucas pris d'émulation, voulut l'imiter. Alors, se précipitant à grand bruit, il s'abattit sur un bélier [...].

(Ésope, VIe siècle av. J.-C.)

L'oiseau de Jupiter enlevant un mouton
Un corbeau témoin de l'affaire
Et plus faible des reins, mais non pas moins glouton,
En voulut sur l'heure autant faire.
Il tourne à l'entour du troupeau,
Marque entre cent moutons le plus gras, le plus beau,
Un vrai mouton de sacrifice :
On l'avait réservé pour la bouche des Dieux.
Gaillard Corbeau disait en le couvant des yeux :
« Je ne sais qui fut ta nourrice,
Mais ton corps me paraît en merveilleux état :
Tu me serviras de pâture. »
Sur l'animal bêlant, à ces mots il s'abat. [...]

(La Fontaine, « Le corbeau voulant imiter l'aigle », *Fables*, 1668)

▶ La comparaison entre ces deux textes montre, comme l'écrit La Fontaine à propos des fables de Phèdre, que la réécriture permet « d'embellir » le récit.

D Une métaphore

Un palimpseste est un parchemin dont on a gratté la première inscription pour en tracer une autre, qui ne la cache pas tout à fait, en sorte qu'on peut y lire, par transparence, l'ancien sous le nouveau. On entendra donc, au figuré, par palimpsestes (plus littéralement : hypertextes), toutes les œuvres dérivées d'une œuvre antérieure, par transformation ou par imitation.

(Gérard Genette, *Palimpsestes*, 1982)

▶ La métaphore du palimpseste est une bonne illustration pour définir de manière générale les réécritures.

L'ÉCRIT DU BAC : LES QUESTIONS SUR LE CORPUS

Les questions sur corpus constituent la première partie de votre épreuve écrite. Elles vous en donnent la clé.

1 Présentation générale de l'écrit du bac

• Quelle que soit votre section, votre sujet se présente sous la forme d'un corpus de textes accompagné de questions et d'un travail d'écriture qui vous donne le choix entre trois sujets : le commentaire littéraire (→ fiche 49), la dissertation littéraire (→ fiche 50) ou l'écriture d'invention (→ fiche 51).

• Les questions sont notées sur 4 points et le travail d'écriture sur 16 points (6 points et 14 points pour les séries technologiques).

2 Les questions sur le corpus

A Le corpus

• Le corpus est composé en général de trois ou quatre textes littéraires. Il arrive aussi que l'on vous propose un seul texte. Dans ce cas, il est plus long ; ce peut être une brève nouvelle.

• À ce corpus peut être joint un document iconographique. Il n'est pas étudié pour lui-même mais peut servir à enrichir votre réponse (par exemple : une photo de mise en scène).

B L'enjeu des questions

• Les questions (de une à trois) ont pour but de vous faire comprendre la cohérence du groupement de textes, sa thématique ou sa problématique.

• Cette partie de l'épreuve peut vous sembler peu importante parce que peu rentable en termes de points. C'est une erreur. D'abord quatre points sont toujours bons à prendre. Mais surtout, les questions vous obligent à faire une étude minutieuse des textes sur lesquels s'appuiera votre travail d'écriture ; elles vous en donnent la clé.

C Les types de questions

• Il s'agit de comparer les textes en mettant en évidence leurs points communs (il y en a toujours) et leurs différences (il y en a toujours). Par exemple : « 1. Ces quatre descriptions mettent-elles en valeur les mêmes aspects de la ville ? 2. Quels sentiments des personnages ces descriptions reflètent-elles ? »

- Les questions peuvent porter sur la thématique, le genre, le registre, etc. Vous devrez aller du procédé au sens.
- Elles peuvent être plus générales et vous guider sur le sens du texte, par exemple : « Ces textes cherchent-ils seulement à nous dépayser ou ont-ils une autre visée ? »
- Vous devrez toujours lier remarques sur la forme et approche du sens. Pour cela vous devez mobiliser vos connaissances littéraires.

3 Pour répondre aux questions

A Première prise de contact avec le sujet

- Vous devez très rapidement avoir une vision globale du sujet. Quel est l'objet d'étude ? Attention le sujet peut croiser deux objets d'étude (poésie et argumentation, par exemple). Quels sont les genres ? les auteurs ? Prenez vos repères.
- Avant de lire les textes, regardez les questions et les sujets d'écriture. Vous pourrez ainsi avoir une lecture plus efficace. En outre, comme les sujets sont tous liés au corpus, ils sont souvent complémentaires et vous donnent donc des indications précieuses sur le sens du corpus.

B La rédaction de votre réponse

- Vous devez rédiger une petite introduction qui présente le corpus (auteurs et titre des œuvres), en indique l'intérêt (le point commun) et annonce les questions auxquelles vous allez répondre. Cette introduction ne doit pas être trop longue.
- Il faut privilégier une réponse synthétique : au lieu de répondre à la question texte par texte, traitez vos réponses aspect par aspect, cela évite les répétitions. Au brouillon, regroupez vos remarques dans un tableau comparatif.
- Évidemment, vos réponses sont organisées dans des paragraphes argumentatifs et vous vous appuyez toujours sur des exemples précis et situés dans le texte.

La difficulté de cet exercice réside dans le dosage de la réponse : elle ne doit pas être trop longue (on ne vous demande pas un commentaire et vous ne devez pas y passer trop de temps), mais il faut tout de même dire l'essentiel. Il faut être concis, synthétique et efficace.

LE COMMENTAIRE LITTÉRAIRE

Dans le commentaire littéraire, vous devez présenter ce que vous avez retenu de votre lecture et justifier votre interprétation du texte de manière argumentée.

1 Le commentaire littéraire au bac de français

A D'abord et avant tout le texte

Vous devez rendre compte du sens du texte, de ses spécificités. Votre travail doit éclairer le texte.

B Un travail argumenté

Même si une explication linéaire n'est en principe pas interdite, il faut préférer le commentaire organisé. C'est-à-dire celui qui regroupe les idées principales en deux ou trois parties composées chacune de trois paragraphes. Choisissez un plan progressif qui va du plus simple au plus complexe.

2 Le travail de préparation

A Identification du texte

Vous devez rapidement identifier votre texte (genre, registre, type de discours, thématique…) de manière à vous poser les bonnes questions. On ne travaille pas sur un poème comme on travaille sur une scène d'exposition ou sur une description. À chaque texte ses questions.

B Deux méthodes

- Du général au particulier : on part d'une première impression de lecture, ou hypothèse de lecture (par exemple, un texte comique), et on va chercher dans le texte les éléments qui vont confirmer ou nuancer cette hypothèse.
- Du particulier au général : on fait une lecture attentive du texte et on relève tout ce qui peut sembler intéressant, surprenant (métaphores, emploi particulier d'un temps, rythme, effet de chute, surprise d'un sens inattendu…). On voit alors se dégager de grands axes, des phénomènes récurrents porteurs de sens.
- En fait, ce sont ces deux méthodes qu'il faut croiser constamment pour être sûr de ne rien laisser de côté.

C Le plan

C'est seulement une fois ce travail fait que vous pouvez préparer votre plan. Il se fait au brouillon et doit être le plus détaillé possible.

3 La rédaction

A Les écueils à éviter

- La paraphrase, c'est-à-dire la reformulation de ce que dit déjà le texte. La reformulation n'est pas une analyse.
- Le plan qui séparerait forme et sens. Les remarques sur la forme ne valent que si elles amènent à approfondir le sens.

B L'art de la citation

- Vous savez qu'il faut toujours appuyer vos analyses sur des citations précises du texte. Mais attention, vous avez souvent l'impression que vous avez fait ce que l'on vous demande dès lors que vous avez cité le texte, or une citation non analysée ne sert à rien. Vous devez en faire un commentaire précis.
- Il faut éviter la juxtaposition de citations ainsi que les citations trop longues ; ciblez l'expression intéressante.
- Insérez harmonieusement les citations dans vos phrases.

C L'introduction et la conclusion

- L'introduction comporte quatre éléments : l'accroche, la présentation du texte à étudier, la problématique et l'annonce du plan. Ces éléments doivent s'organiser logiquement, l'un appelant l'autre.
- La conclusion comporte deux éléments : la synthèse de votre travail dans laquelle vous répondez de manière ferme à la problématique posée dans l'introduction ; l'ouverture qui évoque toujours un problème littéraire ; elle peut s'appuyer sur une comparaison avec un ou plusieurs textes du corpus.

4 Le commentaire pour les séries technologiques

Le commentaire est guidé par un parcours de lecture : on vous propose deux questions qui formeront le plan de votre commentaire. Il vous reste à énoncer la problématique et à trouver les sous-parties de votre plan.

Le commentaire est un exercice minutieux et rigoureux qu'il faut s'entraîner à pratiquer pendant l'année.

LA DISSERTATION LITTÉRAIRE

Dans la dissertation, vous devez mener une réflexion personnelle et argumentée à partir d'une problématique littéraire issue de votre programme de l'année.

1 La dissertation littéraire au bac de français

A Une problématisation

Le sujet de dissertation est toujours en rapport avec le corpus et sa problématique. Il en donne le sens, en éclaire l'intention. C'est pourquoi vous devez vous appuyer sur les textes du corpus pour construire votre réflexion.

B Un travail argumenté

Une dissertation est une argumentation. Elle comprend une introduction, un développement de deux ou trois parties composées chacune de trois paragraphes, et une conclusion.

2 Le travail de préparation

A Le sujet peut se présenter sous deux formes

- Une citation plus une consigne :

> « On dirait que c'est hors du monde, perdu, mais merveilleusement perdu, préservé. » Pensez-vous que cette définition du jardin donnée par Philippe Jaccottet puisse s'appliquer à la poésie ?

- Un sujet sans citation :

> Dans quelle mesure le spectateur est-il partie prenante de la représentation théâtrale ?

- Une formule finale vous rappelle que vous devez vous appuyer sur des exemples et des analyses précises et uniquement littéraires :

> Vous répondrez dans un développement organisé, en vous appuyant sur les textes du corpus, les œuvres étudiés en classe et vos lectures personnelles.

B L'analyse du sujet

- D'une bonne analyse du sujet dépend la réussite de votre devoir. Cherchez les mots clés, demandez-vous à quelle conception de la poésie, du théâtre, etc., renvoie le sujet.
- Demandez-vous s'il peut y avoir plusieurs positions sur le problème soulevé. Ces questions vous aideront à formuler la problématique.

C Les types de plan

- Les types de plan dépendent de la formulation du sujet. On peut vous demander de discuter une opinion (« pensez-vous que… »), d'expliciter une notion (« vous montrerez que… ») ou de nuancer une opinion (« dans quelle mesure… »).
- Le plan dialectique permet de discuter une opinion. La première partie (thèse) explicite la position tenue par la citation. La seconde partie (antithèse) envisage une contre-argumentation, et la troisième partie (synthèse) propose une autre manière d'envisager le problème.
- Le plan thématique permet de répondre à une demande de définition de manière organisée et progressive.
- Le plan analytique permet de prendre en compte tous les aspects du problème posé et de nuancer une analyse.

3 La rédaction

A Le format du paragraphe

- Un paragraphe est une unité de sens. Chaque paragraphe constitue une étape dans votre démonstration. Il commence par l'énoncé de l'idée directrice. Celle-ci est développée par des arguments qui s'appuient sur l'analyse d'exemples précis.
- Pour bien mettre en valeur la logique de votre devoir, vous devez veiller aux transitions entre les parties, mais aussi entre chaque paragraphe et, à l'intérieur de chaque paragraphe, entre chacun de vos arguments.

B L'introduction et la conclusion

- L'introduction comporte quatre éléments : l'accroche, le sujet (quand le sujet est sous forme de citation, celle-ci doit impérativement figurer), l'analyse du sujet qui vous conduit à énoncer la problématique, l'annonce du plan.
- La conclusion comporte deux éléments : la synthèse reprend les grandes lignes de votre démonstration et répond à la question posée en problématique ; l'ouverture élargit le problème posé, mais toujours dans le cadre littéraire.

Pour faire une bonne dissertation, il faut maîtriser l'argumentation, avoir bien compris les enjeux des objets d'étude et être capable de mobiliser ses lectures (corpus du sujet, textes étudiés en classe et lectures personnelles).

L'ÉCRITURE D'INVENTION

Dans l'écriture d'invention, vous devez vous approprier les textes du corpus de manière à produire votre propre texte selon des consignes indiquées par le sujet.

1 L'écriture d'invention au bac de français

• Comme les autres sujets, l'écriture d'invention se fonde sur une lecture attentive des textes du corpus. En effet, on vous demande d'écrire en fonction d'un ou plusieurs de ces textes. Il peut s'agir de les reproduire, de les prolonger, de s'en démarquer, de les critiquer.

• Contrairement à ce que l'on pourrait penser, il ne s'agit pas d'un exercice libre d'écriture. Au contraire, on vous donne des contraintes précises : écrire à la manière de… ; écrire dans un genre, dans un registre particulier ; transposer à telle époque, etc.

• L'écriture d'invention est la synthèse du commentaire (vous devez être attentif aux textes et posséder une bonne connaissance des procédés) et de la dissertation (vous devez montrer une bonne compréhension des enjeux des objets d'étude).

2 Le travail de préparation

A Les types de sujet

• Une des difficultés de l'écriture d'invention est la grande variété des sujets possibles. Il faut connaître les règles formelles des différents genres d'écrit possibles : article, essai, lettre, discours, récit à visée argumentative, monologue intérieur, monologue délibératif, dialogue théâtral…

• On peut vous demander une réflexion argumentée (voir le point B), ou la mise en pratique d'un procédé littéraire : un changement de point de vue dans une description, par exemple. On vous demandera toujours d'insérer un contenu de pensée dans une forme littéraire particulière.

B Comprendre le sujet et ses contraintes

Prenons un exemple tiré d'un corpus du bac 2010 qui supposait comme préalable que les candidats aient reconnu que tous les extraits proposés étaient des utopies. Le sujet fait plus spécifiquement référence à un des textes qui se situait en Bétique :

> Vous avez séjourné en Bétique. Déçu, vous décidez de partir. Écrivez le discours d'adieu que vous prononcez devant les habitants.

- Il faut bien identifier l'enjeu : une utopie décevante. Il s'agit d'une réflexion sur l'utopie et ses limites. Il va donc falloir mener une argumentation critique sur l'utopie.
- Il faut respecter une contrainte formelle : la forme du discours.

C La constitution d'un cahier des charges

- Pour ne pas risquer le hors sujet, vous devez, au brouillon, vous constituer un cahier des charges qui explicite clairement les contraintes explicites ou implicites portées par le sujet.
- Vous vérifierez, au cours de la rédaction, que vous ne vous en écartez pas. Voici quelques pistes pour le sujet ci-dessus :

– pour le contenu : préparation des arguments ;
– pour la forme du discours : type d'énonciation, présence de l'interlocuteur, apostrophes, etc. ;
– contraintes implicites : reprendre des détails du texte source (géographie, mode de vie, respect de l'époque, de la langue) ;
– à vous de décider du registre (polémique ? pathétique ?) et du personnage que vous êtes.

3 Pour faire une bonne écriture d'invention...

- Il faut avoir fait une analyse minutieuse du texte qui va servir de base à votre écriture.
- Il faut avoir des connaissances littéraires précises. Si vous ne savez pas ce qu'est un monologue intérieur, vous ne comprendrez pas la consigne suivante : « Réécrivez la dernière rencontre de Frédéric Moreau avec Mme Arnoux, cette fois, sous la forme d'un monologue intérieur de Frédéric qui dévoilera ses sentiments et ses pensées. »
- Il faut non seulement une bonne maîtrise de la langue française (orthographe, syntaxe, vocabulaire), mais aussi des qualités littéraires puisqu'on vous demande à la fois de savoir reconnaître les spécificités d'un texte et de montrer votre capacité à les mettre vous-même en pratique.

▶ L'écriture d'invention est un exercice complexe qui suppose de bonnes aptitudes littéraires.

L'ÉPREUVE ORALE

Dans l'épreuve orale, vous devez montrer vos capacités à mobiliser vos connaissances pour rendre compte de votre lecture d'un texte et de votre culture personnelle. Vous devez aussi faire la preuve de votre aptitude à communiquer.

1 Présentation de l'épreuve

• L'épreuve se déroule en deux parties :
– une première partie de dix minutes dans laquelle vous rendez compte de votre lecture d'un texte étudié pendant l'année ;
– une seconde partie de dix minutes qui consiste en un entretien avec votre examinateur. Cet entretien prend la forme d'un jeu de questions et de réponses sur l'objet d'étude et la séquence dont a été tiré le texte de l'explication.
Chaque partie est notée sur dix points. Vous disposez de trente minutes de préparation.

• La liste des textes étudiés ainsi que le détail de vos séquences figurent sur un descriptif que votre professeur vous communique, à vous et à votre examinateur.

2 L'étude du texte

A Une lecture analytique

• L'examinateur choisit un texte de votre liste et vous pose une question qui constitue la problématique autour de laquelle vous devez restructurer les éléments de votre cours.

• Il ne s'agit en aucun cas de réciter votre cours, mais de prendre en considération la problématique, et d'y répondre précisément par une lecture organisée qui s'appuie sur la forme pour aller vers le sens.

B Une réponse organisée

• L'introduction est déterminante. Vous devez la soigner :
– vous présentez rapidement l'auteur, ses œuvres principales, l'œuvre dont est extrait le passage étudié ;
– après avoir dit quelques mots sur le texte, vous devez en faire la lecture à haute voix ;
– cette lecture est suivie d'une analyse rapide des effets marquants de manière à introduire votre problématique ;
– vous devez, bien sûr, annoncer votre plan.

• Un plan en deux parties peut suffire. Il faut être attentif à bien motiver ces parties par rapport à la problématique.
• Toutes vos analyses doivent s'appuyer sur des citations précises du texte. Relisez les passages en indiquant les lignes pour que votre interlocuteur puisse vous suivre.
• Dans votre conclusion, rappelez la question posée et montrez en quoi votre plan vous a permis d'y répondre. L'ouverture peut renvoyer à une analyse de l'œuvre ; elle peut instaurer un lien avec un autre texte du groupement de textes ; elle peut s'inscrire dans la problématique de la séquence ou de l'objet d'étude.

3 L'entretien

• L'entretien vise à contrôler votre connaissances des objets d'étude, à valoriser votre culture personnelle et votre approche des textes. On teste votre capacité à réagir et établir des liens entre les textes. Vous devez montrer votre autonomie de pensée et votre réactivité.
• Les questions d'entretien peuvent porter sur :
– votre connaissance de l'œuvre intégrale ou du groupement de textes : dans le cas du groupement de textes vous devez être capable de comparer les textes et de justifier leur place par rapport à la problématique de la séquence ; dans le cas d'une œuvre intégrale, vous devez montrer une parfaite connaissance de l'œuvre et de ses enjeux ;
– votre connaissance des notions afférentes à l'objet d'étude, par exemple qu'est-ce qu'une fable, comment différencier argumentation directe et argumentation indirecte ;
– votre utilisation des documents complémentaires : ils servent en général à élargir les problématiques, à établir des comparaisons et des ponts avec d'autres auteurs, ou d'autres manières d'envisager les mêmes problèmes ;
– vos lectures cursives et personnelles, vos activités annexes : par exemple, êtes-vous allés au théâtre ?

Attention, vous avez tendance à réviser les textes sans vous préparer à l'entretien. Pourtant les deux parties de l'épreuve sont aussi importantes l'une que l'autre.

IMPRIM'VERT®

Achevé d'imprimer en France par Loire Offset Titoulet
Dépôt légal n° 95550-1/02 - mai 2013

1550

Charles IX (1560-1574) Henri III (1574-1589) Henri IV (1589-1610

- 1562-1598 : Guerres de religion
- 1572 : Massacre de la Saint-Barthélemy

BAROQUE ET PRÉ

- Représentation d'un monde
- Art du contraste et du mouv
- Thèmes de l'illusion et des m
- Jeux de salons et poésie gala

aires

t

le.

es

t

el à

La Pléiade

En 1553, Ronsard rassemble autour de lui sept poètes qui ont tous pour but de renouveler la poésie française. Ils cherchent à enrichir la langue française par l'imitation des anciens auteurs grecs et romains. Ils rejettent les formes poétiques du Moyen Âge et privilégient le sonnet qu'ils empruntent à Pétrarque. Leurs poèmes s'inspirent souvent de la mythologie gréco-romaine et ils ont une véritable fascination pour la Rome antique. C'est dans son ouvrage *Défense et illustration de la langue française* que du Bellay expose leurs idées et leurs principes.

- 1549 : Du Bellay, *Défense et illustration de la langue française*
- 1552 : Ronsard, *Les Amours*
- 1558 : Du Bellay, *Les Regrets*
- 1562 : Ronsard, *Discours des misères de ce temps*
- 1580-1592 : Montaigne, *Essais*
- 1594 : Chassignet, *Mépris de la vie et consolation contre la mort*

1800

Napoléon Ier (1804-1814) Restauration et mon. de Juillet (1814-1848)

- 1805 : Code civil
- 1805 : Victoire d'Austerlitz
- 1815 : Défaite de Waterloo
- 1830 : Révolution de Juillet
- 1848 : Révoluti[on] de Févri[er]

guillotiné

1799 : Coup d'état Napoléon Bonaparte

ROMANTISME

- Libération des règles fixées par le classicisme
- Promotion du « moi » et des sentiments
- Mélancolie et « mal du siècle »
- Goût pour le spirituel, le mystérieux voire le surnaturel

▶ Clair obscur qui sert la dramatisation, épisode légendaire de l'histoire de France, opposition forte des deux figures : l'innocence et la fragilité contre la tyrannie. Ce tableau connaît un grand succès au salon de 1824 qui marque la naissance officielle de la peinture romantique.

Jeanne d'Arc malade est interrogée dans sa prison par le cardinal de Winchester, Paul Delaroche (1824)

- 1802 : Chateaubriand, *René*
- 1809-1848 : Chateaubriand, *Mémoires d'outre-tombe*
- 1820 : Lamartine, *Méditations poétiques*
- 1826-1847 : Balzac, *La Comédie humaine*
- 1830 : Hugo, *Hernani*
- 1830 : Stendhal, *Le Rouge et le Noir*
- 1834 : Musset, *Lorenzaccio*
- 1835 : Hugo, *Les Rayons et les Ombres*
- 1836 : Musset, *La Confession d'un enfant du siècle*
- 1839 : Stendhal, *La Chartreuse de Parme*

1750

ouis XVI (1774-1795) De la Ire Rép. au Consulat (1792-1804

- 1761-1764 : Affaire Calas
- 1789 : Prise de la Bastille
- 1776-1778 : Guerre d'Indépendance des États-Unis
- 1793 : Louis XV

48 :
Succession d'Autriche

de

IÈRES

de la raison et du savoir sur la superstition
'esprit critique dans les questions
politiques, morales, scientifiques
progrès et dans la propagation
sances

a Raison gravée à la demande de
ncyclopédie. Il la décrit ainsi : « On voit
entre la Raison et l'Imagination : la
he à lui arracher son voile, l'Imagination
l'embellir. Au-dessous de ce groupe, une
phes spéculatifs, plus bas la troupe des
de 1765)

- 1751-1780 : *Encyclopédie*
- 1759 : Voltaire, *Candide ou l'Optimisme*
- 1761 : Rousseau, *Julie ou la Nouvelle Héloïse*
- 1764 : Voltaire, *Dictionnaire philosophique*
- 1765-1796 : Diderot, *Jacques le fataliste*
- 1765-1770 : Rousseau, *Confessions*
- 1772 : Diderot, *Supplément au voyage de Bougainville*
- 1777 : Diderot, *Paradoxe sur le comédien*
- 1778 : Rousseau, *Les Rêveries du promeneur solitaire*
- 1782 : Laclos, *Les Liaisons dangereuses*
- 1784 : Beaumarchais, *Le Mariage de Figaro*
- 1785 : Chénier, *Les Bucoliques*

1600

Louis XIII (1610-1643) Louis XIV (164

1624-1642 : Richelieu ministre

1643 Mazar

1635 : Fondation d
l'Académie française

1598 : Édit de Nantes

IOSITÉ

nstable
ement
étamorphoses
nte de la préciosité

Le Rapt de Proserpine
Le Bernin (1622)

▲ C'est le mouvement qui est privilégié par Le Bernin, sculpteur emblématique du baroque italien.

- 1607-1627 : D'Urfé, *L'Astrée*
- 1616 : D'Aubigné, *Les Tragiques*
- 1628 : Malherbe, *Œuvres poétiques*
- 1636 : Corneille, *L'Illusion comique*
- 1637 : Corneille, *Le Cid*

1650

3-1715)

● 1661 : Début du règne personnel de Louis XIV et de l'absolutisme

-1661 :
n ministre
e

● 1662-1683 :
Colbert ministre

● 1648-1653 :
La Fronde

● 1685 : Révocation de l'édit de Nantes

CLASSICISME

- Idéal de mesure, de pureté et de naturel
- Régularisation du théâtre
- Utilité de la littérature : plaire pour instruire

Coriolan vaincu par sa femme et sa mère, Nicolas Poussin (vers 1653)

▲ Le tableau associe la tension dramatique d'un épisode de l'histoire romaine (Coriolan lève son épée contre sa femme et sa mère) et la portée morale et universelle (les deux figures de gauche sont des allégories de Rome et de la Fortune). Le tout dans un tableau au calme équilibre.

- 1662 : Pascal, *Pensées* ; Bossuet, *Sermon sur la mort*
- 1665-1678 : La Rochefoucauld, *Maximes*
- 1666 : Molière, *Le Misanthrope*
- 1669 : Racine, *Britannicus*
- 1668-1694 : La Fontaine, *Fables*
- 1669 : Molière, *Tartuffe*
- 1674 : Boileau, *Art poétique*
- 1677 : Racine, *Phèdre*
- 1678 : Mme de La Fayette, *La Princesse de Clèves*
- 1688-1696 : La Bruyère, *Les Caractères*
- 1697 : Perrault, *Contes*

ÉVÉNEMENTS HISTORIQUES

1700

Louis XV (1715-1774)

- 1705 : Première machine à vapeur industrielle
- 1741-1
Guerre d

ARTS ET LITTÉRATURE

Frontispice de *L'Encyclopédie* peint par Charles Nicolas Cochin et gravé par Benoît-Louis Prévost (1772)

LES LUM

- Supériorité
- Exercice de
religieuses,
- Foi dans le
des connai

◀ Allégorie de
Diderot pour *L'*
en haut la Vérit
Raison qui cher
qui se prépare à
foule de philoso
artistes. » (*Salo*

- 1721 : Montesquieu, *Lettres persanes*
- 1730 : Marivaux, *Le Jeu de l'amour et du hasard*
- 1731-1734 : Marivaux, *La Vie de Marianne*
- 1731 : Prévost, *Histoire du chevalier des Grieux et de Manon Lescaut*
- 1748 : Montesquieu, *De l'esprit des lois*
- 1748 : Voltaire, *Zadig ou la Destinée*
- 1750 : Rousseau, *Discours sur les sciences et les arts*

1450

Louis XII (1498-1515) François Ier (1515-1547) Henri II (1547-1559)

- 1453 : Constantinople (Byzance) prise par les Turcs
- 1456 : Débuts de l'imprimerie
- 1492 : Découverte des Amériques
- 1494-1559 : Guerres d'Italie
- 1517 : Début de la Réforme protestante
- 1529 : Fondation du Collège de France
- 1539 : Ordonnance de Villers-Cotterêts

HUMANISME

- L'homme au centre des préoccupations
- Curiosité pour tous les domaines du savoir
- Redécouverte des textes antiques
- Rénovation de l'Église et des pratiques religieuses

Portrait d'*Érasme de Rotterdam*, Holbein le jeune (vers 1523)

◀ Ce portrait montre l'humaniste hollandais a[u] travail. Les activités littér[aires] sont représentées par le parchemin sur lequel écr[it] Érasme. La bouche pincé[e] rappelle son œuvre mora[le]. Le profil évoque les effig[ies] des empereurs romains e[t] donne un caractère offic[iel à] ce portrait intime.

- 1511 : Érasme, *Éloge de la Folie*
- 1516 : More, *Utopie*
- 1532 : Rabelais, *Pantagruel*
- 1534 : Rabelais, *Gargantua*
- 1532-1538 : Marot, *L'Adolescence clémentine*

1850

IIe Rép. (1848-1852) Napoléon III (1852-1870) IIIe République (1870-1

- 1851 : Coup d'État de Louis-Napoléon Bonaparte
- 1853-1870 : Grands travaux du préfet Haussmann, à Paris
- 1870 : Défaite de Sedan
- 1871 : Commune de Paris
- 1894-19 Affaire D

on
r

RÉALISME	**NATURALISME**
PARNASSE	**SYMBOLISME**

- Le réalisme : peinture de la réalité contre l'idéalisation romantique ; promotion de la description, jeux de focalisation.
- Le naturalisme : peinture des milieux sociaux et de leur influence sur les individus ; utilisation des dernières découvertes médicales sur la folie ou l'hérédité ; démarche expérimentale.
- Le Parnasse : culte de la beauté pure et de l'art pour l'art ; recherche de la perfection formelle.
- Le symbolisme : promotion du symbole et de l'image ; suggérer plutôt que nommer ; recherche d'une nouvelle musicalité par la libération progressive de la versification.

- 1853 : Hugo, *Les Châtiments*
- 1857 : Baudelaire, *Les Fleurs du mal*
- 1857 : Flaubert, *Madame Bovary*
- 1862 : Hugo, *Les Misérables*
- 1866 : Verlaine, *Poèmes saturniens*
- 1869 : Flaubert, *L'Éducation sentimentale*
- 1869-1872 : Rimbaud, *Poésies*
- 1871-1893 : Zola, *Les Rougon-Macquart*
- 1885 : Maupassant, *Bel Ami*
- 1886 : Rimbaud, *Illuminations*
- 1887 : Mallarmé, *Poésies*

1900 — 1

940) Vichy (1940-194

- 1914-1918 : Première guerre mondiale
- 1929 : Krach boursier à Wall Street (New-York)
- 1933 : Hitler au pouvoir en Allemagne
- 1936-1939 : Guerre civile espagnole
- 06 : eyfus
- 1917 : Révolution russe
- 1939-1945 : Seconde guerre
- de pc

SURRÉALISME

- Représentation de la surréalité, conçue comme fusion du rêve et de la réalité
- Écriture automatique et jeux littéraires collectifs
- Un art subversif et anticonformiste

Portrait prémonitoire de Guillaume Apollinaire, Giorgio De Chirico (1914)

◀ De Chirico conçoit son tableau comme une « énigme » à déchiffrer. Comme dans le rêve, il joue sur la condensation des images qui autorise lectures et interprétations diverses. Apollinaire en empereur antique et en ombre chinoise. Le poisson et la coquille, symboles d'Orphée. Les lunettes noires suggérant la cécité, image de la sagesse. Le tout est un portrait du poète.

- 1913 : Apollinaire, *Alcools*
- 1913-1927 : Proust, *À la recherche du temps perdu*
- 1924 : Breton, *Manifeste du surréalisme*
- 1926 : Éluard, *Capitale de la douleur*
- 1932 : Céline, *Voyage au bout de la nuit*
- 1938 : Sartre, *La Nausée*
- 1942 : Aragon, *Les Yeux d'Elsa*
- 1942 : Camus, *L'Étranger*
- 1942 : Ponge, *Le Parti pris des choses*

MOYEN ÂGE

- IXe siècle : Invasions normandes
- XIe siècle : Développement des ordres religieux
- 1163 : Hérésie cathare
- 1180-1223 : Règne de Philippe-Auguste
- Fin du XIIe siècle : Développement des ordres mendiants
- 1226-1270 : Règne de saint Louis
- 1337-1475 : Guerre de Cent ans
- 1348-1358 : Peste noire
- 1378-1417 : Grand schisme d'Occident

- Architecture romane et gothique
- Art du vitrail
- Roman de chevalerie
- Poésie courtoise

La Résurrection des morts, vitrail provenant de la Sainte-Chapelle

▲ L'art du vitrail se développe au XIIe siècle avec les églises romanes et prend tout son essor dès le XIIIe siècle dans l'architecture gothique. Le vitrail a une fonction pratique (laisser passer la lumière) et narrative (raconter et magnifier les épisodes de la vie du Christ et des saints).

- 1070 : *Chanson de Roland*
- 1170 : *Roman de Renart*
- Fin du XIIe siècle : Romans de Chrétien de Troyes
- XVe siècle : Charles d'Orléans, *Ballades*
- 1461 : François Villon, *Testament*
- XIVe siècle : Poésie lyrique d'Eustache Deschamps, Guillaume de Machaut, Christine de Pisan, Thibaut de Champagne

ANTIQUITÉ

ÉVÉNEMENTS HISTORIQUES

- Vers – 3300 : Premières écritures
- – 753 : Fondation de Rome
- – 509 à – 27 : République romaine
- – 443 : Périclès stratège à Athènes
- – 336 : Début du règne d'Alexandre le Grand
- – 27 : Auguste sur le trône, début de l'Empire romain
- 29 : Condamnation à mort de Jésus
- 394 : Le christianisme est la seule religion officielle de l'Empire
- 476 : Chute de Rome, fin de l'Empire romain d'Occident

ARTS ET LITTÉRATURE

- Naissance du théâtre
- Grandes écoles philosophiques
- Mythologies fondatrices

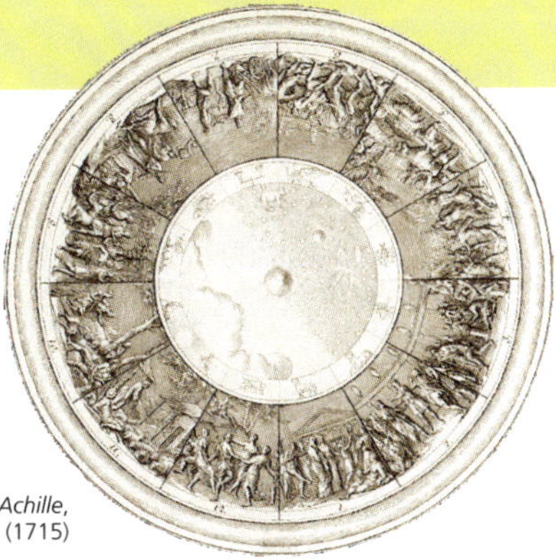

Le bouclier d'Achille, Nicolas Vleughels (1715)

▲ Le bouclier d'Achille que décrit Homère dans l'*Iliade* n'a jamais existé. Ce dessin en est une reconstitution à partir du texte grec. Le bouclier est à lui seul le monde. La bordure extérieure représente l'océan qui entoure le monde ; son centre est l'univers ; la frise figure les préoccupations humaines (la paix, la guerre, l'agriculture, la cité, la vie pastorale).

950 — 2000

) IVᵉ République (1946-1958) Vᵉ République (1958-…)

- 1954-1962 : Guerre d'Algérie
- 1968 : Événements de mai en France
- 1989 : Chute du mur de Berlin
- 949 : Proclamation la République pulaire de Chine
- 1957 : Création de la Communauté économique européenne
- 1959-1975 : Guerres du Viêt Nam

nondiale

NOUVEAU ROMAN

- Refus des conventions du roman traditionnel
- Déconstruction du personnage romanesque
- Critique de la description et des procédés du réalisme

▸ Fragilité, solitude, condition umaine, destin, distance, aissance et éloignement. Comme prise encore dans la erre, la figurine humaine culptée par Giacometti va son hemin avec et sans nous tout la fois.

L'homme qui marche, bronze d'Alberto Giacometti (1960)

- 1950 : Ionesco, *La Cantatrice chauve*
- 1951 : Gracq, *Le Rivage des Syrtes*
- 1953 : Beckett, *En attendant Godot*
- 1957 : Sarraute, *Tropismes*
- 1957 : Butor, *La Modification*
- 1957 : Robbe-Grillet, *La Jalousie*
- 1960 : Simon, *La Route des Flandres*
- 1963 : Le Clézio, *Le Procès-verbal*
- 1964 : Sartre, *Les Mots*
- 1984 : Duras, *L'Amant*